全国科普创作与产品研发示范团队作品

快乐学堂系列

距离课堂最近的权威读物
影响孩子一生的阅读经典

行为的魅力

刘兴诗 黄寰／主编

青少年百科图书馆

科学性 趣味性 文学性

父母送给孩子最好的人生礼物

培养学习兴趣，提高综合素质，养成良好习惯，
探究人生道理，训练思维能力。

时代出版传媒股份有限公司
安徽教育出版社

图书在版编目（CIP）数据

行为的魅力 / 刘兴诗，黄寰主编．—合肥：安徽教育出版社，2015（2023.6重印）

（青少年百科图书馆）

ISBN 978-7-5336-8069-5

Ⅰ．①行…　Ⅱ．①刘…　②黄…　Ⅲ．①礼仪 - 青少年读物　Ⅳ．① K891.26-49

中国版本图书馆 CIP 数据核字（2015）第 203454 号

行为的魅力

XINGWEI DE MEILI

出 版 人： 费世平

策划编辑： 胡延东　杨多文　徐宝妹

责任编辑： 周大勤　姚　丽　杨　曼

装帧设计： 戴　军

出版发行： 安徽教育出版社

地　　址： 合肥市经开区繁华大道西路 398 号　邮编：230601

网　　址： http：//www.ahep.com.cn

营销电话：（0551）63683011，63683013

排　　版： 北京名壹堂图书有限公司

印　　刷： 三河市华晨印务有限公司

开　　本： 660mm × 960mm　1/16

印　　张： 12

字　　数： 167 千字

版　　次： 2017 年 3 月第 1 版　2023 年 6 月第 2 次印刷

定　　价： 28.80 元

《行为的魅力》

文　　字　任怡静　罗子欣　李泽慧

绘　　图　陈　林　雷　蕾　李　玉

序 言

我们从呱呱坠地开始，就与这个浩瀚的宇宙有了质的接触。在与这个万花筒似的世界建立密切关系的过程中，我们会发现各种有趣的事物，接收到不同学科的知识。随着人类科技的发展，广阔缥缈的宇宙俨然成了一本供世人阅读的活页大百科全书，等待人们去探索，去学习，去掌握，去开拓。“青少年百科图书馆”丛书力求贯彻国家课程标准和各项专题教育纲要的精神，内容深入浅出，集知识性、趣味性、文学性于一体，以诙谐有趣的口吻、简洁规范的文字、精美生动的插图为读者呈现科普知识的饕餮大餐。这些科普知识与中小学各学科内容紧密结合，有助于提高中小学生的科学素养和人文素养。

本丛书内容丰富，有趣味盎然的古老传说、文笔优美的名人逸事、引人入胜的科学小实验、简明的知识等。为了让读者能够轻松地阅读，快乐地学习，积极地思考，本丛书的每一篇文章都有紧扣课程标准的“知识点”、开拓视野的“知识链接”、培养探索能力的“小实践”以及生动形象的手绘插图四个部分，让读者在循序渐进的阅读过程中与科普进行深层次的精神交流，同时激发读者对科普的热情，培养读者对科普的兴趣。

本丛书共计 19 本，取材广泛，知识新颖，分为两个系列——“快乐学堂系列”和“求知阶梯系列”，累计超过 300 万字。“快乐学堂系列”有 10 本，读完这一系列读物，将有助于你拥有健康的心灵（心理健康教育），理解诚信的真谛（诚信教育），具备初步的法律意识（法律），了解安全自救的基本知识（安全教育），增强对中国文化的美好情感（语文），懂得生命在于运动（体育），夯实英文学习基础（英语），树立环保意识（环境教育），养成懂礼貌的好习惯（礼仪教育），展开科学之旅（科学）。“求知阶梯系列”有9本，读完这一系列读物，你可以学习交谈的艺术（礼仪教育），爱上诚信这个朋友（诚信教育），体会弹指一挥间的快乐（体育），找到快乐的源泉（心理健康教育），接触生态建筑（生物），进入立体世界（数学），触摸穿越时空的门（物理），感受世界各地的魅力（英语），找准自己的目标（思想品德）。

在中国科协项目、四川省科技计划科普培训项目、四川省科协项目和成都市科协项目等的支持下，经过来自全国科普创作与产品研发示范团队“成都理工大学刘兴诗工作室”、成都理工大学四川省哲学社会科学普及基地、成都理工大学大学生记者站、四川创新区域经济研究院、四川省科普作协、成都市科普作协等部门的众多一线教学工作者和有着丰富写作经验的科普作者两年多的精心策划和编纂，“青少年百科图书馆”系列图书终于与读者见面了。同时，本丛书的所有绘图也得到了成都崇州市艺林美术学校的支持，由其组织供稿。作者团队殚精竭虑，在参考众多文献的基础上，尽量使本丛书反映出当代科学发展的最新信息，但是由于精力和水平有限，书中难免出现些许瑕疵，望读者不吝赐教，以便我们不断改进。

刘兴诗

2016年7月

目 录

第3章　校园礼仪 ……47

第1章

个人礼仪

得到帮助说谢谢

知识点

“谢谢”是我们日常生活中常常用到的感谢语，多用在得到别人的帮助之后。“麻烦您”也是我们日常生活中比较常用的感谢语，多用于希望得到对方的帮助时。

放学后，东东迫不及待地冲出教室，跑到了操场上。他已经和伙伴们约好，要踢一场足球赛。比赛开始前，东东自告奋勇当甲队的前锋。

比赛正式开始了，两队球员都在奋力争抢足球。不一会儿，东东抢到了球，迅速带着球冲向对方的球门。快到球门处，东东飞起一脚，可惜用力太猛，球并没有飞向对方的球门，而是像一个旋转的飞盘飞出了学校操场的围墙。

比赛停了下来，东东和伙伴们跑到围墙边的铁门前。透过门缝，他们看见球滚到了马路的对面，于是就朝路人大声地喊：“把球扔过来！把球扔过来！”可是，没有一个路人理睬东东他们。

这时一个叔叔从马路边走过，东东大声地对叔叔说：“叔叔，麻烦您帮我们捡一下球，谢谢啦！”叔叔笑着跑到马路对面，捡起球扔进了学校操场。

踢完足球，满头大汗的东东独自回家了。进电梯后，东东伸手准备按楼层号，可无论怎么踮脚，就是够不着按钮。以往，东东在电梯里，总有大人在，他们都会主动地问东东要去几楼，并帮助东东按电梯楼层号。慢慢地，东东认为大人们给自己按电梯楼层号是理所当然的。但是今天，在经历了捡球事件以后，东东明白了一些道理。

东东出了电梯，走到小区的院子里。他看到一个阿姨带着女儿在那里玩耍。东东迟疑了一会儿，跑到阿姨面前，低下头，小声说："阿姨，麻烦您给我按下电梯楼层号，行吗？"阿姨转过身，看到东东红着脸，笑着说："可以啊！不用觉得不好意思哦！"阿姨带着东东进了电梯，帮东东按了电梯的楼层号。东东连忙向阿姨鞠躬，大声地说："谢谢阿姨，阿姨再见！"阿姨摸摸东东的头，笑着说："真是个懂礼貌的好孩子！"从此以后，每次进电梯，有人帮他按电梯楼层号的时候，东东都会大声地说："谢谢！"

知识链接

感谢语除了在需要得到或者得到了别人帮助的时候表达谢意以外，在得到别人的赞扬时也可以说。

英文里，说"谢谢"可以用"thank you"，但"thank you"不都用于受人帮助之后，有时纯粹出于礼貌。

动动脑

得到别人的帮助后，除了说"谢谢"，还可以说什么呢？

网聊也要有礼貌

知识点 在网上交流时，不能因为对方看不见自己，就不讲礼貌。网上交流也应该尊重网友。

东东上小学五年级了，电脑已经玩得非常熟练。每到周末，东东就喜欢在网上找一些和自己一样喜欢变形金刚的朋友聊天。

又是一个周末，东东的表姐娜娜到东东家里玩。东东趁姐姐娜娜不在的时候，悄悄地藏起了她最喜欢的发卡。娜娜找了好久才找到，知道是东东拿走的后，批评了东东。东东很不服气，就不再理姐姐，一个人跑去上网了。

东东打开电脑，玩起了QQ游戏。他和一个名叫“快乐”的网友玩“斗牛”的游戏，“快乐”的游戏打得不错，东东不是他的对手，很快就输了不少分。东东心里更生气了，心想反正对方也看不见自己，不如痛痛快快地把他骂一顿。于是东东用脏话骂了“快乐”，“快乐”回了一句“没礼貌”就离开了。

没有人和东东玩游戏了，东东觉得无聊，又找到一个以变形金刚为话题的聊天室。东东一进聊天室里便和里面的朋友打招呼，因为心情不好，东东在和聊天室的朋友打招呼时，只是一个劲儿地“喂，喂”。聊天室的人挺多，可没有一个人愿意搭理东东。

这时，一个网友上传了一张刚买的变形金刚的照片，聊天室里沸腾了，好多网友都跟帖，称赞这个变形金刚真漂亮。东东想引起大家的关注，故意跟帖贬低这张照片，还说这个网友根本就买不起这个变形金刚，照片是从其他地方下载的。这时，很多网友都批评东东，东东更加生气了，把聊天室里所有的人都骂了一遍。

聊天室里的网友们都非常气愤，要求东东离开这个聊天室，大家不约而同地在屏幕上打出这样一行字：我们这里十分不欢迎没有礼貌的人！看到这行字，东东的脸一下红了，默默地下了线。

妈妈回家后，东东觉得有些委屈，把刚才上网遇到的事情告诉了妈妈。妈妈轻轻地摸着东东的头，告诉东东，网世界络虽然是一个虚拟的世界，但它同样需要讲文明、讲礼貌。在现实生活中谁都不愿意与一个说话粗野、冷漠怪僻、出言不逊，甚至对他人恶语相加的人交朋友，网络世界里也是这样。东东听了妈妈的话，惭愧地低下了头。

知识链接

网上交流时，没有得到对方同意不要随意向对方发送视频、语音、窗口抖动、文件，不论使用何种聊天工具都要与他人礼貌交流。

动动脑 在网上碰见陌生人的时候，我们应该怎样打招呼呢？

公共场合管好脚

知识点

在正式的场合，脱鞋或者穿着拖鞋走来走去都是不礼貌的行为。站有站相，站立的时候双脚应该规规矩矩，不乱动。

夏天到了，东东的脚又长大了不少。妈妈给东东买了一双新凉鞋，凉鞋上有东东最喜欢的卡通图案。

第二天，东东迫不及待地穿上新凉鞋，蹦蹦跳跳地上学去了。第一节课下课后，同学们涌出了教室。操场上、楼梯间里、过道上，到处都有人。同学们有的在跳橡皮筋，有的在玩捉迷藏。东东和班上的几个好朋友站在过道上，围在一起看一个同学拿出的最新款游戏机。东东看累了，便往旁边的栏杆上一靠。他斜靠在栏杆边，时不时地拉拉栏杆、蹬蹬栏杆，还用脚尖在地上画画。东东故意把脚伸来伸去，让大家欣赏他脚上的新鞋，他想听到同学们的称赞。

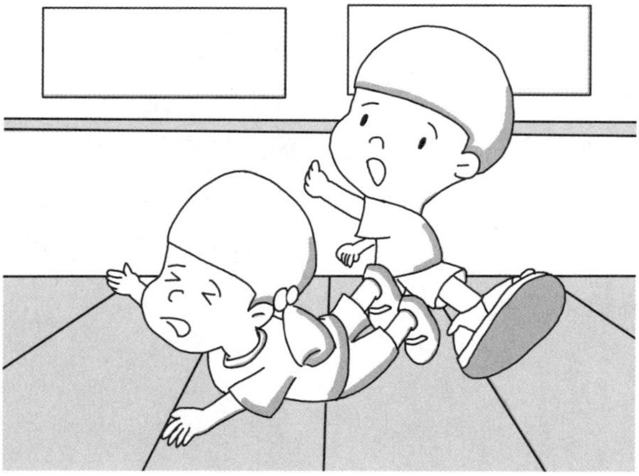

这时，兰兰和几个女同学跳完橡皮筋，从过道走向教室。突然，大家听到“哎呀”一声，原来是走在最后面的女同学被东东伸出的脚给绊倒了。兰兰和其他几个同学连忙把摔倒的女同学扶起来。

兰兰走到东东面前，很认真地对东东说：“东东，你站着的时候应该把脚收好，不能乱动。你看，同学都被你绊倒了！”东东惭愧地低下了头，对摔倒的女生说了句“对不起”。

“叮铃铃”，上课了。这节课是东东不太喜欢的小学生礼仪课。东东眼睛看着老师，心却不知道飞到了哪里。不一会儿，东东觉得自己的脚有点不舒服。新鞋子挤脚，东东的脚底也满是汗，于是就脱了鞋，把脚伸出来好好地“解放”了一下。可这一切都被老师看在了眼里。

下课后，老师叫东东去办公室，东东连忙像穿拖鞋一样，拖着新鞋跑到老师面前。老师摸了摸东东的头，和蔼地对东东说：“东东你的新鞋子很漂亮，可是你像穿拖鞋一样穿它，这样多不好啊！”东东连忙低头看了看自己的鞋，不好意思地说：“老师，我知道错了，我现在就把鞋穿好。”

知识链接

在公共场合最好不穿拖鞋。从安全角度讲，如果遇到突发事件，穿拖鞋不利于逃生。

动动脑 比一比，看谁的站立姿势最标准。

回家路上不打闹

知识点 在公共场合走路的时候，不要横冲直撞，以免妨碍别人正常行走，更不能与同行的人一边走一边打闹。

放学回家的路上，东东离开了学校排的队伍，转向回家的小巷，一个人像自由的小鸟一样蹦跳着。小巷子里很热闹，有不少稀奇的玩意儿，有捏泥人的，有转糖画的，还有卖小吃的。东东进了小巷，看到这么多好东西，挥着双臂一会儿跑到捏泥人的小摊前，一会儿又跑到小吃摊前。巷子里人来人往，东东一会儿往左走，一会儿往右走，人们为了避让东东，不得不经常停下脚步。

正在这时，东东听到有人叫自己，回头一看是好朋友豆豆。豆豆蹦蹦跳跳地跑到东东身边，笑着说："东东，咱们来玩'看谁反应快'的游戏吧！"东东觉得提议不错，立马答应了。这个游戏需要玩"石头剪刀布"，赢的人发布指挥口令，东东输了，于是由豆豆发布口令。豆豆喊走，俩人就开始疾步走；豆豆喊跑，俩人就要比谁跑得快；豆豆喊停，俩人就要立即停下来。一路上，东东和豆豆一会儿跑，一会儿走，一会儿又停下来，路过的行人都奇怪地看着这两个小孩。不一会儿，两个人就累得气喘吁吁的，觉得这游戏没什么意思了。这时，东东又想起"西游记"里的孙悟空了。孙悟空本领高强，是东东的偶像。于是，东东提议玩“西天取经”的游戏，他的建议立刻得到了豆豆的赞同。“我要当孙悟空！”“我也要当孙悟空！”东东和豆豆举着手，跳着、闹着，都争着要当孙悟空。他们你推推我，我推推你，这时豆豆喊了一句：“不如我们来比一比吧！”俩人又开始相互比画着，想要展示自己的本领。东东记得孙悟空在走路时常常做一个动作，就是手搭凉棚，眺望远方，并且不时地回头看看，还左看看、右看看。东东觉得这个动作可神气了，便开始模仿孙悟空。东东的模仿让路过的行人差点笑出声来。豆豆和东东就这样一边走，一边打闹。

这时，东东妈妈下班回家了，正好碰见了玩得兴起的东东和豆豆。妈妈急忙制止东东，小声说道：“你俩安静下来，这里是公共场合，走路时是不能随意打闹的。”东东和豆豆的脸一下红了，不好意思地停止了打闹，规规矩矩地跟在妈妈后面回家了。

知识链接

走路的时候，要保持匀速，不能一会儿快，一会儿慢。也不能一会儿往左走，一会儿往右走，应该走直线。

动动脑 和同学比比谁的走路姿势最正确。

接打电话有礼貌

知识点

接打电话是我们日常生活中的重要交流活动，这种交流方式和面对面的交流方式是一样的，也要讲文明、有礼貌。

爸爸的手机摔坏了，这天，爸爸妈妈要出门买手机。临走时，爸爸特意嘱咐东东："东东，爸爸的手机坏了，别人联系不上我，如果有人打电话找我，就让他晚上再打来。"东东正在房间里忙着摆弄拼图，听到爸爸的话，头也没抬，只是应了一声。费了好半天劲，拼图终于完成，东东觉得很得意。看看时间还早，东东伸了个懒腰。作业也做完了，现在做什么好呢？东东想起前几天刚买了一本新的漫画书，还没来得及看呢。他跑进书房，从书架上找到新书，认真地看了起来。漫画里的世界真是美好呀，东东跟着仙女和超人们一起在漫画的世界里遨游。

"叮铃铃"，一阵急促的电话铃声响起，一下把东东从梦幻的世界里拉回到了现实。东东极不情愿地放下书，跑到客厅里拿起电话，不

耐烦地问："找谁？"电话那头响起"吱吱"的声音。东东眉头一皱，"啪"的一声挂断了电话，嘟囔了一句："一定是打错电话了，真是烦人！"东东急忙回到书房，拿起书继续看起来。不一会

儿，电话铃又响了，东东生气地放下书，磨磨蹭蹭地走到客厅，拿起电话。“请问张先生在家吗？”东东一听，可能是找爸爸的。爸爸出门前的嘱咐，东东早已抛到了九霄云外，于是想也没想就说了一句：“没在！”“啪”一声又挂断了电话。“真是的，想把书看完都不行！”东东不想再让电话打扰自己看漫画书，一气之下把电话线给拔掉了。

时间过得特别快，东东一口气读完了整本漫画，心情也变得格外好。这时，东东听见了爸爸妈妈开门的声音。爸爸一进门，就问东东有没有人找他。东东这才想起爸爸出门前的嘱咐，他的脸一下红了。爸爸好像已经知道了什么，走到电话机旁，看到被拔掉的电话线，很生气地对东东说：“幸好我早买到手机，不然就误事了。李叔叔已经把你接电话的事情都告诉我了！”东东羞愧地低下了头。站在一旁的妈妈，给爸爸使了个眼色，爸爸转身进了书房。

妈妈蹲下身，看着东东，温和地说：“东东，打电话也好，接电话也好，就像平时人与人面对面的交流一样，要讲礼貌，说话的时候应该心平气和，使用礼貌用语。”东东知道自己错了，小声地说：“我以后会注意的！”

东东走到电话机旁，把电话线接好，恰好这时电话铃又响起来了，东东连忙拿起电话，说：“喂，您好！请问您找谁？”电话那头响起一位叔叔的声音："你好，请问张先生在家吗？""我爸爸在，麻烦您等一下！"东东回过头，看到爸爸已经站在自己的身后。爸爸一边接过电话，一边轻轻地拍了拍东东的头，在一旁的妈妈也微笑着向东东点了点头。

知识链接

接打电话时要注意使用礼貌用语，如果对方没有挂断电话，不要与其他人交谈。如果不得已，要向对方道歉，请其稍候，或者过一会儿再打给对方。

动动脑 给自己的同学打一次电话，看看自己能否正确地运用打电话的礼貌用语。

外国朋友到我家

知识点　“您好”是我们生活中使用得最普遍的礼貌用语，同陌生人第一次见面打招呼多用“您好”。“再见”“一路平安”这样的告别语多用在送别的场合，表达了送别者对远行者的祝福。

“叮咚”，东东家的门铃响了，东东蹦蹦跳跳地去开门。门一打开，东东愣住了，站在门口的是一位金发碧眼的外国叔叔。“Hallo！”外国叔叔微笑着跟东东打招呼。东东不知道怎么回答，连忙跑进爸爸的书房里想躲起来。爸爸拉着东东走出书房，东东看到爸爸和外国叔叔来了个热情的拥抱，觉得很奇怪。这时，妈妈也从厨房走出来，热情地和外国叔叔打招呼。东东连忙躲在妈妈的身后，偷偷地观察这位外国叔叔。

妈妈告诉东东，这位外国叔叔名叫“约翰”，是爸爸的朋友。接着，妈妈问东东：“见到陌生人打招呼，应该怎么说呢？”东东想了想，小声地说道：“您好！”妈妈微笑着点点头，鼓励东东大声地说出来。于是，东东鼓起勇气，大大方方地走到约翰面前，大声地说道：“约翰叔叔，您好！”约翰叔叔微笑着伸出手和东东握起手来。

约翰叔叔在东东家住了一个月。在这一个月里，东东和约翰叔叔已经成了非常要好的朋友。约翰叔叔向东东学习了不少中国的礼仪，而东东也了解了世界上许多国家不同的礼仪和风俗。

约翰叔叔回国的日子到了，东东一家决定去机场送约翰叔叔。在去机场的路上，东东回忆着这个暑假和约翰叔叔一起度过的快乐时光。约翰叔叔带东东去了动物园，看了童话剧。东东还跟约翰叔叔学会了许多英文礼貌用语。现在约翰叔叔要回国了，以后好长时间都见不着约翰叔叔了，真舍不得啊！想到这里，东东的眼眶里充满了泪水。

到了机场，东东扑到约翰叔叔的怀里，约翰叔叔也不舍地抱着东东。约翰叔叔和东东约定，回国后，他们就在网上交流，叔叔教东东英文，东东教叔叔中文。约翰叔叔最后还给东东讲了个小笑话，把东东逗得哈哈大笑。

时间很快就过去了，约翰叔叔马上要过安检了。在安检口，东东踮着脚，一边用力地向叔叔挥手，一边大声地说："约翰叔叔，再见，祝您一路平安！"

知识链接

不同的国家有不同的见面礼仪。在美国一般行握手礼，熟悉的人大多会热情拥抱。在日本，正式场合要鞠躬，两手放在膝上，弯腰约 30 度。在波兰民间，吻手礼则十分盛行。

动动脑

如果同非常熟悉的朋友、同学打招呼，我们应该怎么说，怎么做呢？

整洁大方才是美

知识点 平日的衣着打扮也是一种礼仪，它能展现一个人的审美素质。小学生的衣着打扮应该注意整洁得体，不穿奇装异服，做到朴素大方。

这周的星期五，东东他们班上要举行一场“我是礼仪小明星”的班级活动。为了当上礼仪小明星，东东可是做足了准备，不仅写好了演讲稿，还把小学生应知应会的礼仪知识复习了好几遍，他觉得自己这次一定能评上礼仪小明星。每当想到自己戴上礼仪小明星奖章的神气模样，东东就会情不自禁地笑出声来。

盼啊，盼啊，星期五终于到了。东东很早就起床了，认真地洗漱完毕，穿上校服，戴上红领巾，对着穿衣镜左照照、右照照，转了一个圈，敬了个少先队员礼。可他突然皱起了眉头，“我今天可是要佩戴奖章的！穿戴一定要正式点，可这身校服怎么也体现不了自己的帅气啊！”想到这里，东东灵机一动，记得爸爸每次参加单位的活动，都会穿西装打领带，那多神气啊！

东东悄悄地走进了爸爸的房间，打开爸爸的衣柜，看见里面有各种颜色和花纹的领带，东东觉得真好看。东东选了又选，最后挑中了一条紫色的领带。可领带怎么打呢？东东一拍头，觉得打领带就像系红领巾一样，于是三两下就把领带当成红领巾给系好了。东东又照照镜子，觉得还是不对劲，可又不知道问题出在哪里。

正在这时，门铃响了，妈妈从厨房里端着东东的早餐走出来，她一看见东东胸前的领带，忍不住哈哈大笑起来。妈妈一边笑着一边开门，原来是东东的同桌来叫东东一起上学。同桌一看东东的样子，笑得弯下了腰。东东的脸一下红了，连忙拆下了领带，重新系好红领巾。

下午第一节课，“礼仪小明星”的评选活动正式开始。轮到东东上台演讲了。东东刚刚走上讲台，台下有几个同学就开始小声地议论，东东没有理会，大声地背诵起自己的演讲稿来。东东的演讲很顺利，演讲结束后他不由得有些得意了。这时，老师让大家给东东的演讲投票，可是只有几个同学举手投票。东东很不服气，一下从座位上站起来，大声地说：“我的演讲很好，为什么不给我投票呢？”这时另一个同学也站起来，指着东东的衣服说：“请你看看自己的衣服和鞋！”东东低下头，看见自己的衣服上有几处油渍，鞋带也没有系好。东东不好意思地沉默了。

老师微笑着走到东东面前，轻轻地拍拍东东的肩膀，让东东坐下。然后对大家说：“小学生应该注意的个人礼仪有很多，衣着整洁是最基本的礼仪。”东东红着脸站起来，说：“我知道错了，以后我一定注意。”教室里顿时响起一片热烈的掌声。

知识链接

国际社交场合，服装大致分为礼服和便装两类。在正式、隆重、严肃的场合着深色礼服（燕尾服或西装），一般场合则可着便装。

动动脑　平时的穿着打扮还应该注意哪些问题？

入座离座有礼貌

知识点

在公共场合入座时，应该注意先后顺序，请尊长先就座，而且一般是从左侧入座。在离座之前，应该先站好，并且有所示意。离座时应该安安静静从左侧离开。若有长辈在，要让长辈先离座。

东东的学校组织同学们去剧院看木偶剧《喜羊羊与灰太狼》。这可是东东期盼许久的，听到学校要组织大家观看，东东兴奋了一晚上。

第二天，东东早早地来到了学校。出发去剧院之前，老师把全班同学召集在一起，再次告诉大家，进剧院要有秩序，不能乱走乱跑。可东东的心早就飞到剧院了，老师的话一点也没有听进去。

很快，东东和同学们到了剧院。在剧院门口，老师清点了人数，让大家排好队，依次从入口走进剧院。

老师让女生走在前面，男生走在后面。这可把东东急坏了，他怕走在后面，前排的位置就没有了。于是，东东趁老师不注意，左挤挤、右挤挤，终于挤到女生的队伍里。虽然别人都是从左侧依次进入座位，但是东东想快点抢到座位，已顾不上这些，一个人从右侧跑到座位上了。

木偶剧很精彩，东东安安静静地坐在座位上，目不转睛地看着台上演员的表演。这时，东东旁边有同学从座位上站起来，蹲到地上捡东

西，东东急忙向他轻轻地“嘘”了两声，小声地说：“安静！”

木偶剧结束了，台上的演员向观众谢幕，台下的观众热烈地鼓掌。因为坐得太久了，东东迫不及待地从座位上站了起来，扭扭头，弯弯腰，活动活动手和脚，他背后的座椅被弄得“吱吱”乱响。东东所在的一排观众中没有一个人站起来，旁边的同学也没有起身，可东东已经开始从前后排座位之间的过道中往右边挤着出去了，这让还没站起来的其他观众不得不缩起腿脚。

东东这次在剧院看木偶剧的表现，老师都看在了眼里。回到学校，老师特意叫东东去办公室。在办公室里，老师耐心地向东东分析了今日他在剧院的不良表现。东东意识到错误后惭愧地低下了头。

知识链接

观看电影或演出的时候要保持安静，如非必要，最好不要站立。看完电影或者演出后，应该把自己的垃圾带走，保持环境卫生。

动动脑 东东在看完木偶剧后，又有哪些地方做错了？

希望能再见到你

知识点 初次去别人家拜访时，可以准备一份见面礼。拜访结束，为了表达很高兴认识对方，可以在告别时向对方说："希望能再见到你。"

东东家隔壁搬来了一户新邻居，邻居家有一个和东东年纪相仿的小姑娘，名叫兰兰。

这天，东东和爸爸准备去拜访新邻居。东东正要出门，爸爸急忙叫住了他，"东东，第一次去别人家拜访，我们应该准备一件礼物啊！"东东想了想，又跑回了自己的房间。东东先在自己的玩具箱里捣鼓一阵，找出一个电动小火车，可是玩具有些旧了。东东觉得送这样的礼物不太礼貌，于是又从书架上找到一本崭新的《格林童话》，东东决定把这本书送给兰兰。

东东和爸爸到了邻居家，邻居家的叔叔和阿姨热情地招呼他们。这时，兰兰从房间里走出来，手里拿着一个包装精美的礼物。兰兰双手将礼物递到东东面前，笑着说："东东，你好！这是我给你准备的礼物，希望你能喜欢！"东东高兴地双手接过礼物，又连忙将自己手中的礼物放到兰兰面前，有些害羞地说道："兰兰，你好！这是我送给你的礼

物。礼物准备得有些匆忙，没有包装，希望你能喜欢！”兰兰笑着说：“谢谢，你的礼物我很喜欢！”东东舒了口气，心想：幸好爸爸出门前提醒了，要不然，今天就失礼了！

东东和兰兰一起玩拼图游戏，两个人合作得非常愉快，很快就拼好了一幅。接着，兰兰又给东东看了自己收藏的邮票。有张邮票东东很喜欢，便向兰兰要，恰巧这张邮票也是兰兰喜欢的，兰兰面露难色，不知道怎么回答东东。坐在一旁看着孩子们玩的东东爸爸，连忙把东东叫到一边，告诉东东：“不能提让人为难的要求，否则很没有礼貌。”听了爸爸的话，东东笑着对兰兰连连说“不好意思”。

时间很快就过去了，东东要回家了。出门时，东东很正式地对兰兰说：“我要走了，今天很高兴认识你，希望能再见到你！”兰兰的爸爸妈妈笑着夸奖东东有礼貌！

知识链接

初次去别人家拜访，与主人交谈时，可以对主人的家庭状况做一般了解，但不可盘问细节。如有要事商谈，应尽快进入正题，交谈过程中，注意倾听，不可独自滔滔不绝。

动动脑 如果对方说“希望再见到你”，我们应该怎么回应呢？

别人说话不打断

知识点 随意打断别人的谈话是一种不礼貌的行为。

星期天，爸爸妈妈带着东东去拜访李叔叔。李叔叔是一名机械师，他可是东东的偶像。一听爸爸妈妈说要去李叔叔家，东东高兴地跳了起来，拍着手叫好。其实，东东之所以那么想去李叔叔家，还有一个原因，那就是李叔叔家里摆放了好多机械玩具，有卡丁车、变形金刚，这些都是东东特别喜欢的。

李叔叔家离东东家不远，东东和爸爸妈妈很快就到李叔叔家门口了。东东妈妈让东东先去敲门，东东走到李叔叔家门前，按了一下门铃。“谁啊？”“李叔叔您好，我是东东！”门开了，李叔叔看到东东，弯下腰，拍拍东东的肩膀，笑着说：“东东来了！”东东连忙说：“叔叔好！”东东的爸爸妈妈也笑着说：“东东今天表现不错，是个懂礼貌的孩子哦！”东东一进门就立刻奔向李叔叔家的书房，书房里的书架上摆放了不少玩具，东东伸手就去拿玩具。妈妈跟在东东后面看到东东的举动，立刻叫住了东东：“东东，还没有经过主人的同意哦！”东东觉得自己做错了，赶忙跑到李叔叔面前说：“叔叔，我可以玩这个卡丁车吗？”李叔叔笑着说：“可以。”

东东在这边玩着卡丁车不亦乐乎，另一边东东的爸爸妈妈和李叔叔在喝茶聊天。东东把卡丁车开得满屋子乱窜，在翻越一个障碍物的时候卡住了。东东左转转、右扭扭，卡丁车就是不听东东的指挥，停在

那里不动了。于是东东跑去找李叔叔，李叔叔正在和东东爸爸说话，东东想也没想就直接打断他们的谈话，让叔叔帮自己修车。卡丁车修好了，东东玩了一会儿没兴致了，又在书架上找了本讲大自然的秘密的图书看。一遇到不会的问题，东东就跑过去找自己的偶像，李叔叔和爸爸妈妈的谈话被一次次地打断，每一次李叔叔都停下来给东东耐心地讲解，而东东似乎没有感觉到自己的不礼貌。

晚上东东回到家里，想到前几天上学遇到的一件事情，觉得有意思就讲给父母听。可东东刚讲上几句，妈妈就插话，故意问爸爸单位里的琐事。东东的话被打断了好几次，话意正浓的东东实在讲不下去了，生气地对妈妈说："妈妈，你能让我先讲完吗？"妈妈这时看了爸爸一眼，笑着说："东东，你看你讲话的时候就不希望别人打断，那别人讲话的时候呢？特别是在长辈面前，打断长辈的谈话更是不礼貌！"东东想起白天在李叔叔家，自己不懂事，屡次打断李叔叔的谈话，惭愧地低下了头。东东嘟着嘴说："我知道错了，那妈妈你让我先讲完吧！"爸爸妈妈笑了。

知识链接

倾听别人说话的时候，不要总是沉默不语，应该用一些简单的词语附和，让对方觉得你是在认真地听他讲话。

动动脑 在与人交流时，对方说话的时候，我们应该怎么做？

端正坐姿别乱动

知识点

在公共场合，坐要有坐相，坐好以后不能乱动，这能够体现一个人的教养。在他人面前需要捡东西的时候，应该避免弯腰、低头、撅臀，否则很不雅观。

期中考试之后，学校在礼堂里召开优秀学生表彰大会。东东进会场的时候特别注意，排队依次进场，并且从左侧入座。

东东坐下后，松了口气，觉得自己做得不错，很得意。一会儿，会场里就坐满了同学。表彰会还没有开始，东东觉得很无聊，往左看看，又往右看看，一会儿站起来，一会儿又坐下，把椅子弄得吱吱响。这时，东东发现自己左前方坐着的正是自己的好朋友豆豆。于是，东东从书包里拿出一盒拼图，然后站起来趴在前面的椅背上，想把拼图递给豆豆玩，可东东忘了给盒子盖上盖。这时，一个同学正好要经过东东的座位入座，东东为了让他，没护住盒子，“哗啦”一声，东东的拼图盒被打翻了，拼图撒了一地。东东连忙弯下腰，捡四处散落的拼图。只见东东屁股撅得老高，正对着后排坐着的老师。东东手够不着落在远处的拼图，干脆就跪在地上，一只手撑着地，另一只手伸得老远往盒子里捡拼图。东东捡拼图的姿势让坐在周围的同学感到很不好意思，大家连忙从椅子上起来，蹲着

帮东东捡拼图。老师看着东东撅起的屁股，不禁摇了摇头。

拼图捡完了，表彰会也开始了，东东终于坐了下来。校长在主席台上讲话，东东觉得很无聊，于是又斜靠在座椅上，双手不停地摸摸前面的椅背，又摸摸旁边的扶手。坐在后面的老师看到东东的表现，很不满意，轻声把东东叫出了会场。

会场外，老师告诉东东，刚才东东的表现很没有礼貌。东东摸摸头，不知道自己哪里做错了。老师耐心地给东东做了分析，并且给东东示范了正确的蹲姿和坐姿。看到老师的示范，东东惭愧地对老师说道：“老师，我知道错了！”

知识链接

在国外旅行，切不可以蹲姿作为休息的方式，不要在马路边、人行道上长时间蹲着，否则，别人看到会觉得十分怪异，难以接受。

动动脑 在公共场合站立的时候，应该注意一些什么问题？

第2章

家庭礼仪

长辈面前守规矩

知识点 称呼长辈应该用尊称，问候长辈要鞠躬，在长辈面前不能打打闹闹太随意。

清明节到了，东东一家去乡下给爷爷扫墓。扫完墓，爸爸说要带东东去拜访小时候照顾过自己的李爷爷。

东东蹦蹦跳跳地走在前面，爸爸提着大包小包的礼物走在后面，远远地看到一位白发苍苍的老爷爷从田间走来。老爷爷的腿脚不好，拄着拐杖，走路一瘸一拐的。东东先看见老爷爷，转身对爸爸说："快看，前面有个'铁拐李'！"东东爸爸一听，瞪了东东一眼，严厉地说："真没礼貌，不能给长辈取外号！"

等东东和爸爸走到了这位老人身边，才发现他就是李爷爷。只见李爷爷头发乱蓬蓬的，衣服上还沾着一块块油渍。东东一见李爷爷脏兮兮的样子，立即躲在爸爸的身后，小声嘟囔着说："真脏！"

爸爸听到东东的话，阴沉下了脸，转过身，很严肃地对东东说："李爷爷在我小的时候经常照顾我，你爷爷奶奶做农活的时候，就把我寄养在李爷爷的家里。有一次，李爷爷为了保护我，还被野狗咬伤了。"东东听到这些，觉得自己刚才的做法不对，羞愧地低下了头。爸爸摸摸东东的头，微笑着说："现在我们应该怎么做？"东东径直走到李爷爷面前，弯腰给李爷爷深深地鞠了一躬，然后说："李爷爷，您好！"

在李爷爷家吃完饭，正好碰到李爷爷的孙女、孙子过来看爷爷，几个小孩与东东年龄相仿，大家一起在院子里捉迷藏。

东东和小朋友们玩剪刀石头布，东东输了，所以这次由他来找。东东还在数数的时候，其他几个小朋友已经迅速地找好藏身的地方了。东东转过身，找啊找，怎么都找不着。东东跑进屋里，看见爸爸在和李爷爷聊天，东东心想：一定是李爷爷把小朋友们藏起来了。一定要把李爷爷拉起来，让他带自己去找。李爷爷腿脚不方便，却被东东推过来推过去。这时，其他几个小朋友从藏身的地方跑出来，孩子们在李爷爷面前拉扯打闹起来，你推推我，我挤挤你，老人夹在孩子们中间，差点摔倒。

东东爸爸连忙制止几个孩子。爸爸弯下腰对东东和几个小朋友说："在长辈面前打打闹闹可是没有礼貌的哦！"孩子们一听，停住了打闹，争着去扶李爷爷。爸爸看着孩子们可爱的模样，欣慰地笑了。

知识链接

尊敬长辈的礼仪：使用礼貌用语称呼长辈，必须用尊称"您"；回家和离家的时候要与长辈打招呼；听从长辈教导，长辈说话时不要顶嘴，不要数落长辈的不是；体贴长辈，理解长辈。

动动脑 怎样正确地称呼长辈？

我帮妈妈做家务

知识点 孝顺父母就应该理解父母、体谅父母，帮父母做一些力所能及的事情。

今天是母亲节，老师给同学们布置了一项家庭作业，要求同学们完成一篇作文，题目就叫《亲亲我的妈妈》。东东是班里的作文小能手，老师经常在课堂上朗读东东写的作文，这让东东可得意了。其实，这离不开妈妈的功劳。妈妈是杂志社的编辑，每一次东东写完作文，妈妈就会仔细地帮东东修改。“亲亲我的妈妈，”放学路上，东东一边走，一边嘀咕，“这篇作文太简单了，还能难得住我这个作文高手吗？”

到家时，东东的作文已经构思得差不多了，他连拖鞋也没来得及换就跑到自己的房间里埋头写作。不一会儿，东东的作文就完成了，洋洋洒洒写了好几页呢！东东舒了口气，心想：就等妈妈帮我修改了，明天的课堂上，老师又会念我的作文啦！想到这儿，东东的脸上露出了得意的笑容。

东东看看时间，已经快七点了。“妈妈怎么还没有回来，我的作文改不了可怎么办呢？”东东嘬嘴嘟囔着，一脸的不高兴。肚子有些饿了，东东找了几块饼干充饥，躺在沙发上开始看电视。

时钟嘀嗒嘀嗒地走着，快八点钟了，门外终于响起妈妈掏钥匙开门的声音。妈妈刚进门，东东从沙发上一下弹了起来，跑到妈妈面前，拉着妈妈就往自己的房间走。妈妈的包还没来得及放下，妈妈满脸

的疲惫东东也没注意到。妈妈迅速地看完了东东的作文，说了句："写得不太好！自己再改改！"说完，妈妈就去厨房做饭了。东东听到妈妈的话，拿着作文愣在那里，心里很不是滋味。想了一会儿，东东跑进厨房，埋怨道："妈妈，你怎么这么晚才回来？等你改作文，我都等了好久了，你也不帮我改改，让我自己改。还有，我的肚子早就饿了，只能吃饼干！"听到东东的埋怨，妈妈停下了手中的活，沉默了一会儿，从东东手里拿过作文，然后对东东说："你知道什么样的作文才是好作文吗？"东东想了半天说："语言优美的作文是好作文！"妈妈摇摇头说："有真情实感的作文才是好作文。你看看自己写的这篇作文，内容全是杜撰的。你知道什么是体谅母亲吗？你帮妈妈做过家务或是在妈妈回家的时候给妈妈递过一杯水吗？在母亲节这天，你为妈妈做过什么呢？"说完这些，妈妈的眼睛有些湿润。东东低下了头，默默地回到客厅。是啊，妈妈这段时间特别忙，工作那么辛苦，回家还要忙着照顾自己，为什么自己不能体谅妈妈呢？东东很内疚，想了一会儿，觉得自己应该真真正正地帮着妈妈做一些事情。东东给妈妈拿来了拖鞋，然后开始扫地，扫完地又进了书房，整理书架上的书。

晚饭做好了，东东和妈妈坐下来一起吃饭。东东夹起一块肉放进妈妈的碗里，小声地说："刚才我错了，吃完饭我来洗碗！"妈妈放下碗，摸着东东的头说："我的儿子长大了，吃完饭我们一起改作文！"东东

摇了摇头说:“妈妈，我已经知道怎么改了，吃完饭你就休息吧。妈妈，节日快乐！”妈妈会心地笑了。

知识链接

母亲节是一个向母亲表达谢意的节日。这个节日最早出现在古希腊。现代的母亲节是每年五月的第二个星期日，起源于美国。

动动脑 每天坚持帮妈妈做一件家务事。

谁动了爸爸的包

知识点 孝顺父母就要做到少让父母为自己操心，在细节上还要做到：尊重父母的隐私，没有经过父母的同意不随便进父母的房间，不翻动父母的随身物品。

今天是爸爸的生日。夜已经深了，爸爸还没有回家。东东躺在床上一直没睡，他要等着爸爸回来，然后把自己精心准备的生日礼物送给爸爸。东东准备的礼物是一张奖状，是老师对东东这半年来学习进步的奖励。几个月前，东东问爸爸："爸爸，如果有一个天使对你说，他可以帮你实现一个愿望，你会许什么样的愿望啊？"爸爸当时只说了句："当然是希望我儿子的学习成绩能够更上一层楼了！"爸爸的话让东东暗下决心，一定要把成绩提上来，不再让工作繁忙的爸爸为自己操心。从那以后东东改掉了贪玩的坏毛病，还主动让妈妈给自己买学习辅导书。上课的时候，东东比以往更加认真。终于，东东的努力有了收获。在这次考试中，东东的成绩提高了很多。老师特意给东东颁发了一张奖状。

东东听到爸爸开门的声音，一下从床上爬了起来。透过卧室的门缝，东东看到爸爸把公文包往沙发上一扔便径直去了书房。东东看了看沙发上的公文包，灵机一动，把准备好的生日礼物悄悄地放进了公

文包。东东有些得意，竟然忘了扣上公文包的扣子。他想让爸爸早点看到自己为他准备的生日礼物，于是激动地冲进爸爸的书房，对爸爸说："爸爸，你公文包里的手机响了！"可没想到的是，爸爸看到没敲门就冲进书房的东东，批评道："东东，进爸爸妈妈的房间，无论是书房还是卧室，都应该先敲门。你这样很没有礼貌！"听到爸爸的批评，东东觉得有些委屈。东东跟着爸爸走出书房，爸爸看了一眼沙发上的公文包，又转过身对东东说："是不是你动了爸爸的公文包？爸爸告诉过你啊，随便翻动别人的包是不礼貌的！"东东低下了头，刚才激动的心情一下降到了冰点。爸爸检查了一下自己的公文包，发现了那张奖状，蹲下来摸着东东的头说："儿子，刚才爸爸的态度不太好，对不起，希望你能原谅爸爸！"东东抬起头，笑了笑说："爸爸，我也有不对的地方。这是送你的生日礼物，祝你生日快乐！"爸爸紧紧地抱住东东，哽咽着说："你就是我的小天使，谢谢你！"

知识链接

汉朝刘安写的《劝孝歌》：十月胎恩重，三生报答轻。一尺三寸婴，十又八载功。母称儿干卧，儿屎母湿眠。母苦儿未见，儿劳母不安。老母一百岁，常念八十儿。尊前慈母在，浪子不觉寒。

动动脑　父母对你的期望是什么？

吃饭也要讲礼仪

知识点 吃饭的时候应该先让长辈用餐，在饭桌上不要随意发出响声。

这天，爸爸和妈妈带着东东去参加一个叔叔的婚礼。婚礼上有很多人，可热闹了。婚礼仪式还没有开始，一群小朋友正忙着捉迷藏，东跑跑，西撞撞，在大人们中间穿来穿去。大人们怕撞着孩子们，纷纷避让。一些小朋友看见桌上五颜六色的糖果，抢着去抓，没抢到糖果的小孩子放声大哭起来。

此时，东东正老老实实地站在妈妈的旁边，看到眼前的景象，东东想起礼仪课上，老师说过在公共场合不能随意打闹，于是东东跑到一个小孩子面前，大声地对他说："小弟弟，在公共场合咱们可不能随意打闹

呀！”站在远处的妈妈看到东东的举动，会心地笑了。

不一会儿，婚礼正式开始了。婚礼仪式有好几个环节，台下参加婚礼的人们看得很认真，还不时地鼓掌，为新人们送上祝福。婚宴还没有开始，东东的肚子已经在唱空城计了。这时，东东看见饭桌上有自己最爱吃的点心，忍不住拿起筷子去夹点心，可是够不着。于是东东站了起来，伸手去拿点心，一不小心碰到筷子，“哗啦”一声，筷子掉到了地上，坐在饭桌旁的几个大人把目光投向了东东，东东的脸一下红了，连忙钻到桌下捡筷子。东东妈妈赶忙将东东拉起来，小声地对东东说：“没有礼貌！主人还没有请吃，客人可不能随意动筷子！”东东觉得不好意思，赶忙放下筷子坐好。

婚礼仪式结束了，司仪请大家正式用餐。饭桌上除了东东一家，还有爷爷奶奶、叔叔阿姨等长辈。听到可以正式用餐了，东东迫不及待地拿起筷子去夹菜，长辈们笑着说：“东东一定饿坏了，东东先吃！”妈妈又连忙拉着东东小声地说：“吃饭时，有长辈在，应该先让长辈用餐！”东东意识到自己做错了，急忙放下筷子，红着脸说：“爷爷奶奶、叔叔阿姨，你们先吃！”妈妈摸摸东东的头，笑着说：“东东真乖！”

过了一会儿，大家吃得差不多了。东东的爸爸妈妈和其他长辈们已经放下了筷子在聊天。没有人和东东玩，东东一个人觉得好无聊，便拿起身旁的筷子在桌上画圈，偶尔筷子碰到饭桌上的碗，发出清脆的声音。东东一时心血来潮，拿筷子敲起了桌上的碗和碟，“叮叮当当叮叮当当”。正在聊天的爸爸妈妈和长辈们停下了谈话，看着东东，妈妈马上制止东东，严肃地对东东说：“在饭桌上敲碗筷是一种没有礼貌的行为！”东东马上安安静静地坐下来。过了一会儿，宴会结束了，东东站起来，主动地向长辈们逐个告别，大家都称赞东东是个懂礼貌的好孩子。

知识链接

比较严肃、正式的餐桌礼仪：第一主宾坐在主人右侧，第二主宾坐在主人左侧或第一主宾右侧，变通处理；斟酒上菜在宾客右侧进行，先主宾，后主人，先女宾，后男宾。酒斟八分，不可过满。

动动脑 在公共场合吃饭的时候，还应该注意哪些问题？

相互帮助共分享

知识点 同辈之间应该相互关爱、相互帮助，懂得分享。年纪大一点的应该主动关心、帮助年纪小的。

娜娜是个爱跳舞的女孩，她有一个梦想，那就是在学校的舞台上，为老师和同学们跳一支舞！

正巧，今年学校成立了舞蹈协会，娜娜第一个跑去报了名。在舞蹈协会里，娜娜是最勤奋刻苦的一个，自然，娜娜的舞技也有了很大进步。

六一儿童节快到了，舞蹈协会决定排练一支舞蹈，在六一晚会上表演。这支舞需要一个领舞，这当然是娜娜最想争取的角色。为了选择一个合适的领舞，舞蹈协会的老师专门组织了一场比赛。为了赢得这场比赛，娜娜全力以赴，每天放学后都抓紧时间练舞，每一个动作、每一个表情，娜娜都反复练习。比赛这天，娜娜的表现近乎完美，顺

利拿到了第一名。梦想成真的娜娜开心地笑了起来。比赛后，老师告诉大家，为了突出表演效果，每一位参加舞蹈表演的同学都需要准备一双红舞鞋。听到老师的话，笑容在娜娜的脸上僵住了。

红舞鞋啊红舞鞋，你可难住了娜娜！娜娜的家境并不富裕，家里没有专门为她准备舞鞋，平时娜娜练习舞蹈都是穿球鞋，娜娜觉得有没有舞鞋并不会影响自己的表现，所以从来没有要求父母为自己买舞鞋。可现在怎么办呢？最近妈妈正在找工作，可不能再给父母增加负担了。

之后的一段时间里，娜娜总是闷闷不乐。有时娜娜想放弃，有时又一个人悄悄地跑到学校礼堂的舞台上想象自己翩翩起舞的场景，娜娜连做梦都会梦到自己有了一双红舞鞋。

娜娜周末去了表姐家。表姐只比娜娜大两岁，两人有着相同的爱好——跳舞，所以娜娜和表姐特别谈得来。娜娜在表姐面前跳了为六一晚会准备的舞蹈，娜娜的表现赢得表姐一家的夸奖，表姐觉得也应该在娜娜面前表现一下。表姐进了自己的房间，过了一会儿出来了。当表姐站在娜娜面前时，娜娜愣住了，眼睛盯在了表姐的脚上，这不正是自己日思夜想的红舞鞋吗！

表姐在娜娜面前又唱又跳，可娜娜似乎没有任何反应，眼神一直没离开表姐的鞋！表姐一支舞跳完，娜娜忘了鼓掌。表姐有些失望，不由地问："娜娜，怎么了？我跳得不好吗？"娜娜鼻子一酸，眼泪掉了下来。表姐一看连忙抱住娜娜："对不起，娜娜，是不是有什么事情？"

娜娜小声地说出了事情的原委。表姐听完以后，沉默了一会儿，独自进了房间，出来的时候，手上多了一双红舞鞋。“娜娜，这双红舞鞋是我刚刚买的，借给你，不过要记得还哦！”娜娜高兴地流下了眼泪。

六一晚会的舞台上，娜娜成了全场瞩目的焦点，她穿着表姐的红舞鞋在舞台上旋转、跳跃。一舞完毕，台下爆发出热烈的掌声。娜娜向台下微笑着，只有娜娜知道这个微笑是送给亲爱的表姐的。

知识链接

中国古代，同一家族中同一辈人的名字都有一个字是相同的，这个字代表了辈分，辈分都由大家族的族长来排列制定。有的家族，同一辈人除了辈分一样，名字中另一个字的偏旁也要一样。

动动脑 如果同辈亲友遇到了困难，你应该怎么做？

常打电话问声好

知识点

年老的长辈为社会和家庭做出了很多的贡献。晚辈应该孝敬长辈，关心长辈。如果晚辈不在老人的身边，则应该经常打电话问候老人。

圆圆的月亮挂在天空，又是一年中秋节。平日里工作繁忙的爸爸妈妈也在这一天放下了手中的工作，和东东一起过中秋。天公作美，今晚的月亮又圆又大。妈妈把精心准备好的月饼和水果端到了阳台上，一家人一起赏月，其乐融融。这时，妈妈突然想起一件事情，问东东："东东，咱们今天还忘了一件事情，你能想起来吗？"东东歪着头，想了想，做了个鬼脸，说："我们只看月亮了，还没开始吃月饼呢！"然后拿起一块月饼，狠狠地咬了一口。爸爸妈妈看着东东可爱的样子，忍不住哈哈大笑。笑过，妈妈站起来进屋去了，东东觉得有些奇怪。不一会儿，妈妈抱着一摞东西出来了。

"相册！"东东眼尖，一下就看出是两本相册。东东翻开其中一本相册，看到第一页上有一个年轻的叔叔和一个小男孩，叔叔有些面熟，可是小男孩东东不认识。爸爸把头伸过来一看，忍不住笑了。"东东，猜猜这个小男孩是谁？"妈妈问，东东摇摇头，妈妈又问，"这个叔叔呢？"东东觉得叔叔在哪儿见过。爸爸在一旁笑着说："小男孩远在天边近在眼前！""噢！我知道了，小男孩是爸爸，叔叔是爷爷！"东东恍然大悟。

一家人翻看着相册，当看到爷爷奶奶在给爸爸洗澡的照片时，东东哈哈大笑起来。妈妈也笑了，对东东说："你看，爷爷奶奶多辛苦，平

时要上班，还要照顾爸爸！”东东点点头。爸爸指着一张照片说：“这是我十岁的时候，当时生了一场大病，在医院里住了半个月。你爷爷奶奶每天轮着到医院里照顾我，白天要上班，晚上还睡不了觉。后来病好了，我们就在医院拍了这张照片留作纪念。”东东听了，学着大人的语气对爸爸说：“爷爷奶奶带大你，也真不容易啊！”爸爸笑着点点头。

“咦，爸爸长大了！”这时东东看见一张爸爸大学毕业时候的照片。照片中爸爸戴着学士帽，左手揽着爷爷，右手揽着奶奶，灿烂地笑着。东东仔细看看这张照片，闷闷地说了一句：“爷爷奶奶的头发开始白了！”

接着妈妈又打开了第二本相册，这是东东的相册。第一页上，就有一张爷爷奶奶抱着东东的照片。妈妈摸着东东的头说：“你小时候，爸爸妈妈没有太多时间照顾你，全靠爷爷奶奶了！”东东若有所思地说：“你看，爷爷奶奶的头发已经全白了！”

相册翻看完了，妈妈又问东东：“咱们今天忘了一件事情，想起来了吗？”只见东东起身跑到客厅，拿起了电话……

知识链接

孝敬老人的名言名句：
老吾老，以及人之老；幼吾幼，以及人之幼。
谁言寸草心，报得三春晖。
子孝父心宽。

动动脑 孝敬家里年老的长辈还应该注意一些什么问题？

同辈相处要谦让

知识点 与同辈的亲友相处，一方面要宽厚谦让，另一方面也要彼此照顾，互助互爱。

夜已经深了，东东房间里的灯还亮着。书桌上的周末作文一个字都没写，东东躺在床上。

东东不喜欢自己的表弟，不喜欢他矮矮的个子，不喜欢他戴的那副黑框眼镜，不喜欢他体育课总不及格，当然还不喜欢他的成绩总是那么出色。虽然东东和表弟在同一个班，东东的朋友圈里却没有表弟。

妈妈总是在东东面前唠叨："你看你表弟，这次又考了全年级第一！"每次听到妈妈的唠叨，东东心里就酸酸的。这个周末妈妈邀请表弟到家里做客，东东很不情愿地答应了。

"叮铃铃"，门铃响了。"是你表弟来了！"妈妈让东东去开门，东东借口上厕所跑开了。表弟进了屋，安静地坐在沙发上。东东从卫生间出来看到表弟，尴尬地打了声招呼，就躲进自己的房间了。妈妈似乎看出了问题，走进东东的房间问："表弟来了，怎么不招呼一下呢？"东东噘着嘴，在书桌旁磨磨蹭蹭，突然看到门背后的轮滑鞋，灵机一动站了起来，主

动说："我带表弟去玩轮滑！"东东心想，上次表弟跟妈妈告状说自己在学校的表现不太好，这下可以"报仇"了！

表弟跟着东东到了附近的公园里。东东说："我教你玩轮滑吧！"一边说一边把表弟拉到草坪上坐下，还没等表弟反应过来，东东就脱下了表弟的鞋，迅速把轮滑鞋给表弟穿上了。

表弟本来就不善于体育运动，套上轮滑鞋后连站都不敢站起来。好不容易撑着地刚要站起来，臂力不支，"啪"一声重重地摔在了地上，眼镜也歪了，手掌也蹭破了皮。站在一旁的东东拼命忍住笑。可表弟有些倔强，不让东东拉自己，反复地从地上站起来又摔下去。天气很热，几个回合下来，表弟的脸晒得通红，脸上东一道西一道地挂着汗水混着灰尘的脏痕。此时的东东觉得这"仇"报得过瘾。

"还是我来吧！"看着坐在地上喘气的表弟，东东三下两下脱掉表弟脚上的轮滑鞋，给自己穿上。滑轮滑可是东东的强项，只见东东动作潇洒、流畅，还不时摆摆姿势，在表弟面前炫耀一下。滑了两圈，东东在表弟面前停了下来。表弟站起来，笑着给东东鼓掌，说："哥哥，你滑得真棒，可以去参加比赛了！""哥哥"这个词突然从表弟嘴里冒出，自然又真诚，正耍着威风的东东突然有些失落，把原本想嘲笑表弟的话又咽了回去。

回家的路上，表弟问了东东很多关于轮滑的问题，东东也找到了当“哥哥”的感觉。

表弟要回家了，东东似乎有些舍不得，觉得还有好多话要跟表弟说。临走前，表弟小声地对东东说：“哥，你可是我的偶像。你以后教我轮滑吧！”

“咚咚”，一阵敲门声把东东的思绪给拉了回来。“东东，都几点了，怎么还不睡？”原来是妈妈在敲门催东东快点睡觉。东东突然来了灵感，一边答应着妈妈，一边翻身起床坐到书桌旁。东东给自己的作文拟了一个题目，就叫《我和表弟的约定》。

知识链接

中国有“礼仪之邦”的美称，古人尤为重视礼节，称谓就是一个重要的表现。例如下称谓上，或同辈相称，都可用“足下”，其意思相当于现代汉语中的“您”，是称呼对方的敬辞。

动动脑 周末和你的同辈亲友一起去看场电影，各个环节注意互相帮助。

爸爸妈妈谢谢你

知识点 对生养我们的父母，我们要抱着感恩的心去爱他们。

我们的爸爸妈妈其实是很辛苦的。他们努力工作，赚钱养家。他们也有自己的爸爸妈妈，也就是我们的爷爷奶奶、外公外婆，老人们年纪大了，在生活上有很多不方便的地方，所以爸爸妈妈要照顾他们。我们年纪还小，还没有独立生活的能力，爸爸妈妈还要照顾我们。爸爸妈妈面临生活、工作上的各种问题。尤其是我们的妈妈，十月怀胎生养我们，十分辛苦不易。虽然我们年纪还小，但也要尽量分担父母的辛劳，力所能及地回报他们。

娜娜就是这样一个懂事的好孩子。

一天课间休息，东东诧异地看着娜娜用彩色铅笔在一张卡片上写下“生日快乐”四个字，还在旁边画了许多小花小草。这张卡片十分漂

亮。“娜娜，我的生日还早呢！”东东笑着说。娜娜白了他一眼，“我知道，又不是给你过生日。”“那是给谁啊？”“给我妈妈。”娜娜低着头在卡片上写着什么。东东瞪大了眼睛，问：“你妈妈还过生日？”

从小到大，东东只记得每年自己过生日的时候，会收到很多礼物，还有生日蛋糕吃，但是从来没有见过爸爸妈妈过生日。娜娜认真地说：“那当然啦，妈妈也有生日，否则你以为妈妈像孙悟空一样，是从石头里蹦出来的啊？”随后娜娜和东东说了她准备给妈妈过生日的计划。东东听得直发愣。

回家后，东东坐在写字台前发呆，妈妈的生日到底是什么时候呢？东东灵机一动，跑到柜子前，拿出家里的户口簿翻看起来。“原来妈妈的生日已经过了啊……”东东对自己没有记住妈妈的生日感到很愧疚。“咦”，东东又翻到另一页，“爸爸的生日就在下个星期！”东东决定，要给爸爸过一回生日。像娜娜一样，他翻出了自己的水彩笔、彩色铅笔，又买了卡纸回来，为爸爸做生日贺卡。东东还拿出自己攒的零用钱从商店里买了一罐新的鞋油，准备在生日前一天，将爸爸的皮鞋擦得油光铮亮。

终于，爸爸的生日到了。早晨起来，东东发现爸爸妈妈和平时并没有两样。如果是自己的生日，爸爸妈妈一早就会拿出礼物为自己庆祝。东东走到爸爸身边，爸爸放下手中的报纸，问："东东，有什么事？"东东从背后拿出画好的卡片，双手递给爸爸："老爸，生日快乐！"说完，东东有些不好意思地笑了起来。爸爸惊讶地张张嘴巴，说不出话。妈妈这时也走了过来，满脸笑意。东东转身拿来皮鞋，"爸爸，我帮你把皮鞋擦好了！"东东转过头又对妈妈说："妈妈，明年我们给你过生日！"妈妈欣慰地点点头。爸爸的眼睛有些湿润，走过来一把抱起东东，高兴地说："我的儿子长大了！"

知识链接

试着记住长辈的生日，或者在特别的日子里向他们表达自己的祝福和爱。做自己力所能及的家务，帮父母减轻负担。孝顺父母，尊敬长辈，我们的家庭会变得更美好。

动动脑

你知道爸爸妈妈的生日吗？父亲节、母亲节那天应该对爸爸妈妈说什么？

第3章

校园礼仪

欢迎你到我家玩

知识点 放假期间，同学之间应该经常保持联系，可以邀请同学到自己的家里玩。

今天是这学期的最后一天，按照惯例，老师召集全班的同学开班会。老师在班会上提出一个要求，希望同学们能在这个暑期有特别的收获，开学时相互交流。老师的话音刚落，同学们开始七嘴八舌地讨论起来，只有娜娜一个人安静地坐在座位上。娜娜性格内向，每年的寒暑假，几乎都是一个人度过的。娜娜觉得，放假还不如上学，至少上学的时候每天还可以和同桌聊聊天，想到这里，娜娜在心里叹了口气。

暑假已经过去半个月了，这半个月里娜娜几乎没有下过楼，每天都严格执行妈妈制订的作息计划。家里有时太安静，静得掉一根针在地上都听得见声音。实在想找人说话了，娜娜就跑到阳台上对着金丝雀

说一番话。金丝雀是在娜娜10岁的时候，爷爷送给她的生日礼物。

这天，娜娜又觉得无聊了，就跑到金丝雀面前："小绿啊！你和我一样，整天被关在笼子里，没有伙伴。难道你不想飞出鸟笼，自由自在地玩吗？"因为金丝雀的头顶上有一团绿色的羽毛，娜娜给它取了名字叫"小绿"。

小绿看着娜娜，突然开口说话了："谁说我没有伙伴，我每天都会邀请我的伙伴到我家里来，鸟笼根本就关不住我。你想和我一起玩吗？"

娜娜傻傻地点点头："那咱们走吧，去你家里玩。"娜娜感觉自己脚下轻飘飘的，好像飞起来了。"哇，从来没有俯瞰过这么美丽的森林"，娜娜兴奋地大叫起来。

小绿带着娜娜飞进了一个树洞里，小绿说："这就是我的家，欢迎你到我家来！"

娜娜高兴地说道："谢谢，为什么请我到你家里玩呢？"

"因为你是我的朋友啊，其实你也可以像我一样邀请你的同学到你家，大家一起玩多好啊！放暑假了，应该和同学多联系啊！"

娜娜听到小绿的话，似乎明白了什么。这时，其他收到邀请的小鸟也来到金丝雀的家，大家一起捉迷藏，玩得好热闹。

这时，娜娜脚底一滑，“砰”的一声，原来是娜娜手中的书掉到了地上。娜娜拿着书躺在沙发上睡着了，刚才只不过是娜娜做的一个梦。娜娜心想，要是梦想成真该多好啊！

第二天，娜娜鼓起勇气给同桌打了个电话。同桌接到娜娜的电话很是惊讶，要知道娜娜从来没有在寒暑假跟她联系过。娜娜邀请同桌到家里玩，同桌提议再叫上几个同学一起，娜娜很高兴地答应了。

整个暑假，娜娜多次邀请同学到家里玩，自己也去同学的家里玩。娜娜还和同学们一起完成了一项街头的社会调查，调查的内容就是“你是怎样度过自己的假期的”。当娜娜把这份调查报告交到老师的手里时，老师满意地说：“娜娜，这个暑假看来有特别的收获哦！”娜娜笑着说：“真想再过一个暑假！”

知识链接

同学们经常在一起，难免相互之间借用东西，但是须谨记有借有还。即使随便用一下别人的物品，也应事先打招呼，征得他人同意。

动动脑 放假了，你可以怎样和自己的同学保持联系？

你是我的好榜样

知识点 与同学交往，应该保持谦虚，要善于学习对方的优点。

娜娜已经很长一段时间没有主动和同桌说过话了。每次同桌找娜娜说话，娜娜总是摆出一副爱理不理的样子。以前娜娜和同桌是一对形影不离的好朋友，但两人的友谊在上次班干部的竞选活动之后就变了。

娜娜和同桌的学习成绩在班里一直是名列前茅，两个人既是朋友又是竞争对手。性格上娜娜内向一些，而同桌的性格开朗，又乐于助人。在同学们的心目中，大家更喜欢娜娜的同桌。但娜娜觉得自己的成绩要比同桌好一些。上次班里竞选班干部，娜娜觉得凭自己的成绩当上学习委员应该没问题，可是竞选票数出来以后，同桌的票数却远远高于自己。娜娜当时觉得自己的脸一阵阵发红，从那以后，心里总是怪怪的。

又是一节自习课，全班同学都在写作业，教室里安静极了。突然，有人站起来报告:“张可吐了！”话音刚落，同学们齐刷刷地扭过头，所有人的目光都集聚在张可身上。教室里顿时乱成了一锅粥。有几个娇滴滴的女同学，从兜里掏出手帕捏住鼻子，跑得远远的，生怕身上会留下难闻的味道。娜娜也捏着自己的鼻子，皱起了眉头，心想:“真难闻！”有几个同学想走近一些，可是看到那堆呕吐物，就打了退堂鼓。这时，娜娜的同桌一下站了起来，跑到角落里拿起扫帚和簸箕就跑出了教室。不一会儿她气喘吁吁地跑回来了，簸箕里盛满了煤灰，一边走一边喊着："麻烦大家让一下！"只见同桌麻利地将煤灰一股脑儿倒在呕吐物上，又使劲地用扫帚撮了撮，然后把它们都扫到簸箕里。这一切完成得那么干净利落，教室里霎时安静下来，同学们都用敬佩又略带羞愧的目光看着娜娜的同桌。

这时，老师走了进来，他激动地说："同学们，刚才发生的一切我都看到了，娜娜同学的行为值不值得大家学习呢？"平时开朗的同桌突然觉得不好意思，连忙说："没什么，没什么！"一阵热烈的掌声把她的声音淹没了。坐在旁边的娜娜，脸一阵阵地发红。此时，娜娜心中涌动着什么。

放学回家了，一路上同桌和其他同学有说有笑，娜娜悄悄跟在同桌的背后，等到其他同学都走了，只剩下同桌一个人时，娜娜鼓起勇气跑到同桌面前，将一张小纸条塞进同桌的手里，然后跑开了。同桌愣了一下，打开纸条，上面写着："一直不理你，对不起。你是我的榜样！"

知识链接

不在背后议论同学的隐私。每个人都有隐私，隐私与个人的名誉密切相关。背后议论他人的隐私，会损害他人的名誉，是一种不光彩的、有害的行为。

动动脑 回想一下，同桌对你来说意味着什么？

不给同学取外号

知识点 尊重他人，理解他人，是一种美德。抓住别人的生理缺陷和弱点来取外号是侮辱他人人格的行为，这种行为会让别人反感。

东东在班上比较活跃，他有个习惯，喜欢给同学取外号。比如有个同学说话声音小，他就给这个同学取了外号“蚊子”，有个同学戴眼镜，他就叫这个同学“四眼猴”。就这样，许多同学都被东东取了外号。平时下课以后，东东很少叫同学的名字，总是叫他们的外号，久而久之叫外号变成东东的习惯。性格比较开朗的同学，听到东东叫自己的外号也就一笑置之，可是一些比较腼腆的同学，听到东东叫自己的外号，就会红着脸跑开。东东觉得叫外号很有趣，还经常开玩笑说，叫外号可以增进同学之间的友谊。

这天，下课铃响了，东东迅速收拾好书包，飞一般地往家跑。东东和好朋友豆豆约好了，放学后一起玩弹玻璃弹珠。上次豆豆赢了东东

十颗玻璃弹珠，东东想这次一定要赢回来。东东回到家，赶快拿出文具做作业。想到待会就要和豆豆玩，不由得一边写一边唱起歌来，速度比平时快了不少，很快就做完了作业。作业本和文具还没来得及收好，东东就飞奔出门了。下楼后，东东跑到豆豆家楼下，大声地喊：“豆豆，豆豆！”可是豆豆没有回应，东东眼珠一转，又喊：“鼻涕王，鼻涕王！”豆豆有鼻炎，总是爱流鼻涕，爱取外号的东东就给豆豆取了个外号“鼻涕王”。“鼻涕王，鼻涕王！”东东在楼下一边跳一边喊，喊完豆豆的外号，还不由得哈哈大笑。楼上很多人都从自己家伸出头来，往楼下看。豆豆是个性格内向的男孩，平时只有两个人一起的时候东东才叫豆豆“鼻涕王”，因为他和东东是好朋友，豆豆从没有放在心上。可是今天，在大庭广众下，东东叫自己外号，想到那么多人在看，豆豆恨不得有个地缝可以钻进去。豆豆拉着爸爸的衣服，任凭东东在楼下叫，就是不肯答应。豆豆的爸爸也伸出头来，看到东东，不由得皱起了眉头，他决定下楼和东东好好谈谈。

豆豆爸爸走到东东面前，弯下了腰，摸着东东的头说：“东东，豆豆现在就在家里，可他不敢出来见你！”东东觉得很奇怪，连忙问：

“哦，他是不是怕玩弹珠的时候输给我？”豆豆爸爸笑了笑说：“因为你叫豆豆‘鼻涕王’，豆豆害怕如果答应了你，别人就都知道他爱流鼻涕了！”东东猛地抬起头，看到豆豆的脸在他家窗户前晃了一下，就迅速地藏了起来。东东顿时明白了，惭愧地低下头。豆豆爸爸接着说：“你和豆豆是好朋友，好朋友之间应该相互爱护，相互尊重，叫别人外号是一种不礼貌的行为，这种行为不但不会增进朋友之间的友谊，反而会伤害朋友之间的感情。”听到这里，东东不好意思地说：“叔叔，对不起，我错了，麻烦你转告豆豆，我以后再也不会叫他的外号了。”从这以后，东东改掉了给同学取外号的坏习惯。

知识链接

在中国悠久的历史文化中，人们除了有姓名，还有字，有号。一般名为长辈所起，字由先生确定，号多为自己或朋友选取。

动动脑 如果需要你给别人取个外号，你应该怎样来取呢？

不给老师取外号

知识点 人无完人，每个人都有缺点和不足，老师也是。抓住别人的缺陷取外号，是一种不礼貌的行为，给老师取外号更是一种不尊敬老师的表现。

听说今天就要公布数学期中考试的成绩了，同学们都显得有些紧张，只有东东一个人觉得无所谓，因为他已经习惯了数学成绩不好。东东不喜欢数学，更不喜欢数学老师。数学老师戴着一副黑框眼镜，每次看东东的时候都很严肃，特别是当东东回答不上问题的时候，数学老师的眼镜背后就会闪出一道光，刺得东东连忙低下头。

马上就要上课了，真是“冤家路窄”，在去教室的路上，东东和数学老师差点撞上了。好在东东早看到了数学老师抱着一叠卷子走过来，东东连忙低下头，故意绕过几棵树，远远地躲开了数学老师。“但愿数学老师没有看见自己，”东东在心里默默地“祈祷”。

果然，数学老师在课上公布了这次期中考试的成绩，东东又考得不好。老师在讲台上分析试卷，东东听着听着走了神，眼前晃动的似乎只剩下一副眼镜。东东拿起纸笔不由得在纸上给老师画起肖像，把数学老师那副黑框眼镜画得特别突出。画完后东东有些得意，爱给别人取外号的毛病又犯了，东东在数学老师的画像旁写下“眼镜王”三个字。“东东，请你回答一下这个问题！”东东还在看着“作品”得意呢，没想到老师已经走到了他的身边。东东吓得连忙站起来，连老师的肖像画也忘了收起来。老师从课桌上拿起东东的“作品”，看了一眼，没有任何表示就转身回到讲台。看着数学老师的背影，东东有点内疚。

这件事很快就被东东忘得一干二净。这天放学回家，调皮的东东跑到学校附近的菜市场玩，那里有卖金鱼的，东东一有空就会去看金鱼。菜市场里人特别多，东东正蹲在地上看金鱼，一位叔叔骑自行车经过时，不小心把东东给蹭倒了，东东的手肘磨掉了一层皮，血也渗了出来，东东疼得直咬牙。叔叔连忙扶起东东，问东东的父母在哪儿，周围也很快围了一群人。东东不敢说自己的家在哪儿，怕爸爸妈妈知道自己放学后在外面贪玩。正在这时，有人喊道：“请让一让！”东东回头一看，原来是数学老师。数学老师挤进人群，放下菜篮子，焦急地拉起东东，问东东伤到没有，伤得重不重。此时，东东觉得数学老师无比亲切。数学老师带着东东回校医院对伤口做了处理，也没有把这件事告诉东东的父母。

数学老师还是那样的严肃，可东东已经喜欢上了数学课和那副黑框眼镜。

知识链接

老师对学生起绰号这件事应该正确看待，分析原因，侧重改正自身存在的问题。如果学生给老师取了贬义的绰号，教师可以开诚布公地谈谈自己的感受，引导学生改正错误。

动动脑 我们能不能给老师取一些善意和褒义的绰号呢？

尊重老师不迟到

知识点 迟到是一种不礼貌的行为。学生应该把守时作为习惯来培养。

又是一个新学期，东东班上要来一位新的班主任——李老师。今天下午是李老师和同学们第一次见面。

上课铃声响起，大家迅速地走进教室坐好。只见李老师面带微笑，手里拿着一叠奖状走进了教室。同学们都很好奇，刚刚开学，没有考试，更没有比赛，为什么老师手里拿着奖状呢？

李老师走上讲台，正准备说话，突然听到一声“报告”！大家齐刷刷地看向教室门外，原来是东东迟到了。“东东又迟到了！”同学们对东东迟到已经习以为常了，可今天是新老师第一次给我们上课，怎么能迟到呢？李老师一定要发火了！大家紧张地看着李老师。可李老师对东东笑了笑说：“进来！”东东慌慌张张地走到自己的座位坐下，还喘着粗气，一不留神碰倒了文具盒，响起一阵稀里哗啦的声音。同学们都皱起了眉头，东东也觉得很不好意思。

李老师依然微笑着。等东东坐好后，李老师拿起手里的奖状，对同学们说：“同学们，大家好！从这学期开始就由我来担任咱们班的班主

任。第一次见面，给同学们准备了一份小礼物！”听到老师说礼物，大家既兴奋又好奇。李老师神秘地对大家说道：“这是一叠空白的奖状！”一听是空白奖状，同学们都小声地议论起来。李老师示意大家安静下来，接着说道：“这叠空白奖状是颁给那些在这一个月里改掉了自己的坏习惯的同学，到时候每一张奖状上都会写上一个独一无二的获奖理由。比如说有的同学改掉了不爱卫生的坏习惯，我们就颁一个爱卫生奖给他。大家喜不喜欢我给大家的礼物啊？”同学们从没听说过奖状可以这样来用，都觉得很有趣，一边热烈地鼓掌，一边高兴地喊：“喜欢，喜欢！”

此时东东安静地坐着。新学期的第一堂课就迟到了，虽然李老师没有批评自己，但东东意识到迟到是自己最差的坏习惯。东东想得到一个独一无二的不迟到奖。

随后一个月的时间里，东东严格要求自己绝不迟到。每一节课，每一次课外活动，东东总是第一个到，连妈妈都觉得奇怪，平时爱迟到的东东怎么变得如此守时了？

一晃就到了这个月的最后一天，李老师将要给那些改掉了坏习惯的同学颁奖。东东好期待啊！可是李老师叫了一个又一个同学的名字，始终没有叫到自己的名字，东东有些灰心地低下了头。很快只剩下最后一张奖状了，大家都伸长了脖子看着讲台上的那张奖状，这会给谁呢？东东觉得自己没有希望了，连头都懒得抬。这时李老师停了下来，说道："最后这张奖状要颁给的这位同学，他真的很努力，我相信你的努力班上每一位同学都看到了！东东，这张奖状是属于你的！"听到李老师叫自己的名字，东东有些不敢相信，在同学们的催促下，东东迟疑地走上讲台接过老师的奖状。看着奖状东东乐了，笑着对李老师说："老师，你的奖状是不是也迟到了呀！"台下响起一阵欢笑声。

知识链接

世界上时间观念最强的是日本人、德国人、斯堪的那维亚人和英国人，他们在正式交往中都严守时间。

动动脑 上课之前，我们应该做哪些准备？

老师犯错不起哄

知识点 如果老师在教学中出现了错误，学生可以向老师提出来的，但是应该以正确的方式，不能嘲笑和讽刺老师。

为了提高同学们学习英语的兴趣，这学期东东的学校给同学们请来了一位外籍英语老师。今天这节课正好是这学期的第一节英语课，大家都很好奇这位外籍老师长什么样子！

上课铃响了，英语老师走了进来，同学们开始仔细地观察起眼前这位金发碧眼的外籍老师。英语老师有着高高的鼻梁，一头自然卷发，背着一个双肩包。他没有走上讲台，而是径直走到同学们中间微笑着跟大家打招呼。让同学们吃惊的是，外籍老师的开场白用的不是流利的英语而是不太熟练的中国话。

外籍老师名叫迈克，来中国两年了。他非常喜欢中国，对中国的传

统文化特别是礼仪文化很感兴趣。迈克希望同学们能帮助自己了解更多的中国礼仪方面的知识。

随后，迈克老师很认真地说："无论是在中国还是在外国，迟到都是一种很不礼貌的行为，今天我迟到了，非常抱歉，希望同学们能原谅我！"迈克老师站在同学们中间，真诚地道歉。大家看着迈克老师认真的样子，都觉得迈克老师和自己的距离很近很近，就像是自己身边的朋友。

这时，迈克老师又说："刚才我已经做了自我介绍，现在我想认识一下大家。我来点一下大家的中国名字，然后给每一位同学取一个英文名字，大家觉得怎么样？"同学们一听到自己也可以有英文名字了，都高兴地鼓掌叫好。

迈克老师开始点名了，每点到一位同学的名字，这位同学就会站起来，迈克老师还会风趣地评价一下这位同学的名字，迈克老师的幽默语言让整个教室充满了欢声笑语。

"郝土。"这时，迈克老师又叫出了一个中文名字，教室里突然安静下来，大家面面相觑，在叫谁呢？几秒钟后，同学们恍然大悟，全班同学哄堂大笑，有几个同学更是夸张地笑翻在地。看见同学们在笑自己，刚才还自信满满的迈克老师此时脸上红一阵青一阵。这时有同学在下面大声地说："老师，你念错了，那字读'垚'！"随后又是一阵哄笑。

就在迈克老师尴尬之时，下课铃响了，班主任李老师走了进来。李老师连连向迈克老师道歉，然后严肃地对同学们说："刚才大家的表现不是在礼仪之邦长大的孩子应有的，老师不是圣人，也会有犯错的时候。如果老师犯了错误，我们应该怎么办？大家回家以后好好想想！"同学们都觉得刚才自己的做法很不礼貌，默默地低下了头。站在一旁的迈克老师看到大家的表现，觉得有些过意不去，笑着对大家说："以后的英语课上，我就负责教大家英语，你们就负责教我中文。如果谁说错了，我们就罚他表演一个节目，好不好？"同学们笑着大声回答："好！"

知识链接

中国人在涉外交往中，务必要严格遵守"尊重隐私"原则这是涉外礼仪的主要原则。一般而论，在国际交往中，外国人注重的个人隐私问题包括个人收入，年龄大小，恋爱婚姻，身体健康，家庭住址，个人经历，信仰政见，所忙何事等。

动动脑 如果老师犯了错误，我们应该怎么办？

文明出入办公室

知识点 进老师的办公室之前，应该先说“报告”，如果是少先队员可行少先队礼，最好等到老师表示（如点头）可以进门了再进去。进了办公室，不东张西望，不乱动办公桌上的东西。

新来的班主任李老师把自己的办公桌布置得可漂亮了。李老师在办公桌的右上角放了一个俄罗斯套娃，还有一个不倒翁，“娃娃”和“不倒翁”每天都笑眯眯地看着李老师和那些进出办公室的同学。同学们似乎也喜欢上了李老师的办公室。

这天，李老师又特意在办公桌上放了一个小鱼缸，鱼缸里的小金鱼游啊游，整个办公室都充满了朝气。

“嘿，知道吗？李老师的办公桌上又多了一缸金鱼！”办公室有金鱼的消息很快传遍了全班。有的同学已经忍不住悄悄地趴在办公室外的窗台上看金鱼了。

东东对这些同学的做法有些不以为然，“要看金鱼，就要走近了看，趴在窗台上怎么看呢！”其实，东东也很想看金鱼，只不过对老师的办公室，东东实在没什么“好感”。

上课铃响了，同学们蜂拥着进了教室。这堂课是李老师的语文课，李老师准备在这节课上点评同学们的作文。上课后，李老师发现自己把一叠挑选出来的优秀作文忘在了办公室。李老师笑着对大家说：“谁愿意帮我去办公室拿一下同学们的作文本？”老师的话音刚落，坐在前排的东东积极地站了起来，连忙说：“我去，我跑得快！”李老师看着东东，微微一笑，说道：“好的，谢谢东东，快去快回！”

其实，李老师已经知道东东的“小算盘”，趁着去拿作文，东东一定是去看金鱼了！

东东三步并做两步跑向办公室，“砰”一声推开了办公室的门。有几位老师正在办公室里认真批改作业，他们被东东这一声惊得抬起头盯着东东看。东东心里想的全是金鱼，哪里还能注意到老师们的不满。东东直奔李老师的办公桌，“先找作文！”只见东东在李老师的办公桌上一阵乱翻，把各种资料翻得乱七八糟，还打开办公桌的抽屉翻找起来。“哈！找到了！”其实作文就放在李老师的办公桌上，可东东心不在焉，找了好一阵才找到。东东拿着作文本，脚却黏在了地上，“看金鱼多漂亮啊！”办公桌上一片狼藉，东东看着金鱼有些入神。在一旁的礼仪课老师看到这景象后走过去站在了东东身边，东东这才回过神。“东东，你知道自己刚才在做什么吗？”东东被问得有些摸不着头脑，以为是自己看金鱼耽误了上课，连忙说：“我马上去上课！”老师叹了口气，摇摇头："你刚才是怎么进老师办公室的？你再看看李老师的办公桌！"东东恍然大悟，急忙把一片混乱的办公桌整理好，然后向礼仪老师鞠了一躬，不好意思地说道："老师，我知道错了！"

东东一边走出办公室，一边不时地回头看看金鱼。礼仪老师看着东东可爱的样子，忍不住笑了。

知识链接

进入老师的办公室后，不要乱翻老师的东西，不要停留太久。在老师办公室尽量小声说话，要注意不要发出太大声响。总之，尽量不要影响其他老师的正常工作。

动动脑 帮助老师打扫办公室和整理办公桌。

我是老师小帮手

知识点 做老师的好助手，帮助老师分担力所能及的事情，这也是尊敬老师的表现。

春天到了，万物复苏，大自然一片生机盎然。如此美好的春光可不能错过，李老师决定这个周五组织全班同学去郊游。听到这个消息，同学们都特别高兴。

东东和几个好伙伴商量了一下，决定趁这次春游组织班上的男生搞一次男子汉登山比赛。东东暗下决心，要在这次登山比赛中好好表现，证明自己的实力。

盼啊，盼啊，周五终于到了。女同学换上了漂亮的春装，男同学都穿上了登山鞋。同学们早早到了教室，女同学争着展示自己为这次春游准备的食物，男同学猜测着谁会成为这次登山比赛的冠军。

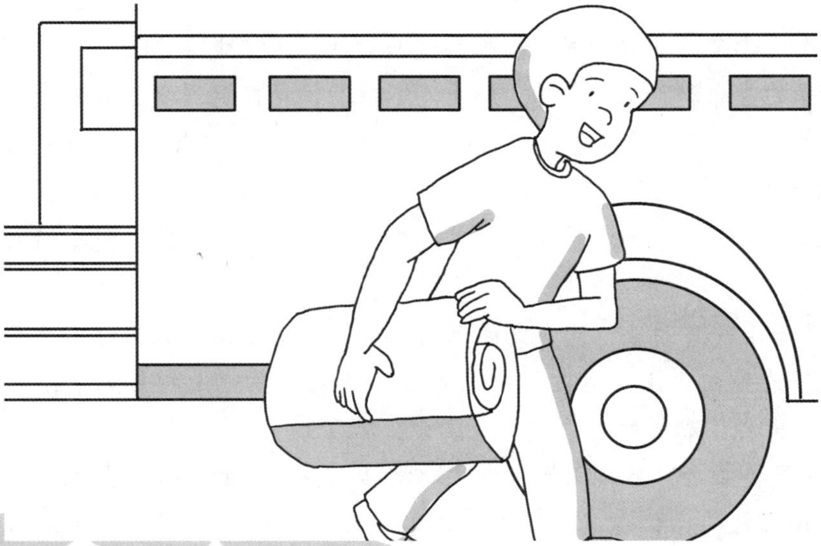

大家在教室里等了好一会儿，李老师才急匆匆地赶到教室。李老师走上讲台，跟大家讲了讲这次春游的活动安排之后，接着说道："这次春游需要一位同学来协助老师的工作，谁愿意来当老师的小助手呢？"老师的话音落下了好一会儿，整个班上还是静悄悄的，没有一个人站起来，李老师有些失望。

东东坐在座位上，埋着头。东东不敢抬头，他总觉得李老师在看着他，目光里充满了期待。东东想站起来，可这次春游自己还有重要的任务呢！东东看见豆豆他们脚上穿着登山鞋，可见大家都是有备而来的。东东在座位上磨蹭了好久，最终还是没勇气站起来。

搭载同学们去春游的公交车到了，同学们蜂拥而上，忘记了排队，在车门前乱成了一团。这是年轻的李老师第一次组织这么多学生外出春游，很怕出现意外。她连忙招呼大家有序上车，可刚刚拉住了这个同学，那个同学又往前挤，李老师忙得满头大汗。东东走在后面，看着李老师忙碌的身影和脸上的汗珠，终于忍不住了，急忙跑到李老师面前。

"老师，我当您的助手，可以吗？"李老师看着东东诚恳的样子，感动地点点头。李老师把"小助手"要做的工作跟东东一一交代了，东东很快就适应了自己的"新角色"，很快就配合老师安排好同学们上了车。

到了春游的目的地，同学们的眼前出现了一座小山，大家都不约而同地欢呼着奔向小山，有些调皮的男生还故意在草地上打起滚来，女生们则拿出自己准备的食物整齐地摆放在草地上。

东东忙着帮老师从车上搬下这次春游活动要用到的横幅，并且检查车上是否有被同学们遗忘的物品。这时，豆豆跑过来，悄悄地对东东说："东东，咱们的男子汉登山比赛就要开始了，快点来啊！"

东东一边忙着帮老师收拾东西，一边说道："我就不参加了，我还要当老师的助手呢！"说着，东东又跑去通知同学关于老师交代的其他事情了。看着东东的背影，豆豆觉得有些可惜，不由自主地嘟囔："这次东东当不成男子汉了！"

"谁说东东不是男子汉了，我看东东可是最了不起的男子汉！"豆豆转身一看，原来是李老师，她正微笑地看着东东远去的身影。

知识链接

每年的 9 月 10 日是中国的教师节。葡萄牙是世界上最早设立教师节的国家。

美国、波兰、俄罗斯、泰国、德国、朝鲜、印度等国都有自己的教师节。

动动脑

你可以帮助老师做哪些力所能及的事情？

如果在郊游活动中，老师生病了，你应该怎么办？

老师面前不打闹

知识点

尊敬老师要从细节做起。和老师一起走路的时候，要让老师走在前面；老师说话的时候，要专心听；不要影响老师的工作和休息。

学校要开运动会啦！同学们都摩拳擦掌，准备在这次运动会上为自己的班级争光。平日里安静的走廊、宽敞的教室都成了同学们随时练习的场地。走廊成了“田径跑道”，教室成了跳远的“沙坑”。同学们一下课，就在这身边的“操场”上练习起来。

东东这个体育尖子生当然也不例外。他早就给自己定下了目标，要拿下 50 米短跑的冠军。50 米短跑比赛历来都是全校师生最关注的一个田径项目，每次运动会，田径项目的比赛场面都十分热烈。如果能够获得冠军，东东就是全校皆知的“人物”啦！

为了这次比赛，东东特地找了一个陪练——豆豆。一下课，东东

就拉着豆豆在走廊的“田径跑道”上练习跑步。本来就不宽敞的走廊，增添了两条“跑道”，显得更加拥挤了。好在同学们都是东东的“粉丝”，每次东东和豆豆练习，同学们都自觉地让出两条“跑道”。而这两条跑道的起跑线就设在位于走廊尽头的教师办公室前。

这天下课后，东东和豆豆又在走廊上练习跑步。和往常一样，东东用粉笔在教师办公室外画了一道起跑线。“各就各位”，东东既是运动员又是裁判，后面的话还含在嘴里，办公室的门就开了，李老师正要跨出大门。可东东毫不犹豫，接着喊出了“预备，跑”。俩人像一阵风似的从李老师面前跑过，惊得李老师连连往后退。李老师看着东东和豆豆远去的身影，若有所思，觉得应该找东东谈谈了。于是，李老师快步跟上东东，走向“跑道”的终点。

这次模拟比赛，东东输了，他有些不服气。东东红着脸，气喘吁吁地指着豆豆说：“你一定是趁着刚才我犹豫的那几秒抢跑了！”豆豆不承认。东东和豆豆开始在“跑道”的终点争论起来，惹得同学们围了一圈观看。李老师看着东东和豆豆，笑了笑说：“你们俩刚才跑得还挺快。你们天天这样在老师办公室门口练习跑步，老师们都忍不住想出来练练了！”李老师的风趣引来一片笑声，东东和豆豆在李老师面前更加随意地拉扯起来，还不停地争执着刚才豆豆到底有没有抢跑。

看着东东和豆豆一副满不在乎的样子，李老师沉下了脸，说道：“我的话还没说完呢。你们这样努力练习是想为班集体争光，本来是好事，可是你们的行为也影响了老师的工作和休息。还有刚才老师在说话，你们还在打闹，这样做，对吗？”

李老师的一席话，让在场的同学一下安静了。东东和豆豆也都低下了头。李老师缓了缓，又说道：“我有个建议，咱们班干脆成立一个赛前的练习小组，每天放学后一起到操场上练习 20 分钟，东东做组长，大家觉得怎么样？”听到李老师的建议，同学们都欢呼起来，在欢呼声中，东东和豆豆也体会到李老师的良苦用心。

知识链接

尊敬老师的名言警句：

师者，所以传道授业解惑也。——韩愈《师说》

不管一个人取得多么值得骄傲的成绩，都应该饮水思源，应当记住自己的老师为他的成长播下最初的种子。

——居里夫人

动动脑 看谁会讲名人尊敬老师的故事。

一个都不可以少

知识点 校园是严肃、文明、整洁的场所。少先队员在进校前应该佩戴好红领巾和校徽。升国旗时，少先队员应该行队礼。

今天是新学期的第一天。在经过了漫长的暑假之后，娜娜早就盼着这一天了。一想到今天就可以见到同学和老师，娜娜很是兴奋。天不亮，娜娜就起床了，一边哼着《中国少年先锋队队歌》，一边穿戴梳洗。

吃完早餐，娜娜正准备出门，妈妈叫住了她："娜娜，这就出门了吗？看看自己忘戴什么了？"娜娜摸摸帽子，帽子戴得端端正正；翻翻自己的衣领，衣领整理得服服帖帖；再摸摸衣扣，衣扣也扣得整整齐齐。娜娜又看看自己的脚，脚上穿着漂亮的新鞋子，鞋带也系好了。娜娜歪着脑袋问妈妈："妈妈，衣服鞋帽都整整齐齐，没有什么忘戴了啊！"妈妈笑着说：

"都是老少先队员了，怎么还能忘呢！""啊，想起来了，红领巾！"娜娜连忙跑进屋，看到桌子上摆放着的红领巾，已经被妈妈熨烫得平平整整。娜娜熟练地系好红领巾，还让妈妈帮着看红领巾系得是否规范。"妈妈，你看这样对吗？"妈妈微笑着向娜娜竖起了拇指。

娜娜继续哼唱着《中国少年先锋队队歌》，"爱祖国，爱人民……"

刚开门，她忽然又想起了什么，娜娜回到自己的房间里，翻箱倒柜找了一阵，“哈，幸好找到了！”妈妈走进房间，看见娜娜正拿着一枚校徽。娜娜对妈妈做了一个鬼脸，说道：“红领巾、校徽一个都不能少！爱祖国，爱人民，还要爱学校呢！”娜娜的话把妈妈逗乐了。娜娜把校徽别在了衣服的左上方，清了清嗓子，昂起头，挺起胸，迈着正步出门了。

快到学校大门口时，娜娜看到两个低年级的小男生正在边走边打闹。其中一个男生的脖子上流着汗，正忙着解开红领巾。只见这位同学不耐烦地解开红领巾后，顺便就用红领巾来擦汗了，而另一个同学则把红领巾绑在手上。娜娜看到后，皱着眉头，走了过去，严肃地说道：“同学，红领巾是用革命先烈的鲜血染红的，你们怎么能将红领巾当成玩具呢！”两位男同学连忙停住了打闹，将红领巾戴好。

升国旗仪式开始了。在嘹亮的国歌声中，娜娜和同学们戴着鲜艳的红领巾骄傲地举起手，行少先队队礼。

知识链接

降旗一般在每日傍晚离校前进行。由旗手和护旗按《中华人民共和国国旗法》第十六条的规定降旗。仪式不限，学校可自行安排。在降旗的时候，所有经过现场的师生员工都应面对国旗，自觉肃立，待降旗完毕，方可自由走动。

动动脑 看谁的红领巾和校徽佩戴得又快又好。

今天轮到我值日

知识点 做值日生能增强学生的集体责任感，增强为他人服务的意识；做好值日生，还能减轻老师的负担。

这几天，东东有些忧心忡忡，不像往日活蹦乱跳的样子。“这周五又轮到我值日了，可周五下午5时30分有一个轮滑比赛，我必须得参加，这可怎么办呢？”

是啊，怎么办呢？东东最不喜欢做值日生了。值日生要做的事情非常琐碎，东东觉得一点意思也没有，可班主任规定了每个人都要轮流做值日生。参加轮滑比赛是不能作为请假理由的，想到这里，东东有些泄气了，看来参加这次的轮滑赛只能泡汤了。

东东正想得出神，陈西从操场回来了，悄悄地站在东东的身后，轻轻拍了下东东的后背：“在想什么呢？”东东看了看陈西，灵机一动。他从书包里拿出一本书，神神秘秘地翻到了第26页，一张被压得平平整整的20元钱从书页中飘了出来。

“陈西，你不是早就想买一个变形金刚了吗？我这有20块钱你拿去用吧！只要你下星期五帮我值日就行了。”陈西愣愣地看着东东手上的20块钱，不知如何是好。东东把钱塞到陈西手里，迅速地跑开

了。这20块钱，陈西可是要攒上两三个月的时间啊！陈西紧紧地攥着钱，似乎要把这钱攥出水来了。

星期五很快就到了，东东觉得格外的轻松。反正陈西已经收下了那20块钱，值日生的那些事就不用自己操心了。早上，东东睡了个懒觉，踩着上课的铃声进了教室。进入教室，东东发现陈西已经把值日生早上要做的事情做完了。

黑板被擦得干干净净，讲台上的教具摆放得整整齐齐，教室后面的垃圾角也清扫干净了，卫生流动红旗此刻正迎风飘扬。东东坐下后，朝陈西竖起了拇指。班主任李老师走了进来，李老师环视教室一周，对今天的卫生打扫情况非常满意，说道："今天是谁值日啊？做得不错哦！"东东的脸和陈西的脸不约而同地涨得通红。

最后一节课下课了，东东按原计划匆匆忙忙地收拾好书包准备离开，临走还不忘扔下一句话："陈西，今天就拜托你帮忙了，谢谢啦！"东东转身正要走，陈西一下叫住了东东，他一只手拿着扫帚，另一只手里还攥着一个纸包。"还有什么事吗？"东东问道。陈西正要说话，李老师走了进来。

李老师看到东东背着书包正要往外走，陈西则拿着扫帚，一下就明白了。李老师把东东和陈西叫到身边，问道：“今天不是东东值日吗？怎么陈西拿着扫帚呢？”东东和陈西埋下了头。东东把事情的经过一五一十地说了出来。李老师严肃地说：“值日是锻炼我们的一个好机会，每一位同学都应该自觉地做好值日生的工作！”东东向老师承认了错误。李老师离开后，陈西把纸包塞给了东东，说道：“今天我们一起打扫教室，这样可以快点结束。”说着，陈西把扫帚递给了东东，就去擦窗户了。东东打开纸包，里面是那张20元钱，东东的脸一下红了，眼睛也湿润了。

知识链接

儿歌《值日生》：

值日生，真能干，洒水扫地擦黑板。教室里，真干净，老师同学都高兴。爱集体，爱劳动，做好值日真光荣。

动动脑 和同学比比看，谁的值日生做得更好。

新老师来家访了

知识点 老师要家访的消息应该如实地告知父母。老师来家访的时候我们要热情地接待，老师和父母交流时我们应该认真聆听。

东东最近好像有心事，总是闷闷不乐的，连最喜欢的足球也不踢了。好朋友豆豆关心地问："东东，你心里是不是有什么事情啊？"东东摇摇头，叹口气，说道："你怎么一点都不担心呢？期中考试已过，老师又要家访了！"听到东东这么说，豆豆也有些坐不住了，"是啊，这是新班主任的第一次家访！"回想以往的每一次家访，老师走后，父母的脸上总是乌云密布，接着就会有好长一段时间的不自由了！

东东小心翼翼地过着每一天，终于这一天还是到了。这天傍晚，东东吃过晚饭，正坐在沙发上看动画片。一阵电话铃声响起，东东拿起电话，可刚一听电话，便紧张地扔下电话跑开了。

东东的慌张引起了妈妈的注意，妈妈连忙问是谁打来的电话，可东东躲在自己的房间里不出来了。妈妈拿起电话，电话另一头是一位年

轻女性的声音："您好，请问是东东的家长吗？我是东东的班主任，我想明天晚上去您家家访，不知道是否方便？"原来是东东的班主任李老师，妈妈热情地回应道："李老师您好，欢迎您来我家家访，明天晚上我们在家等您！"

妈妈挂断电话，转身看到东东正站在背后。妈妈立即严肃地跟东东说："东东，怎么这么没有礼貌，老师还在讲话，你就把电话撂下了！老师来家访我们应该热情欢迎，怎么能躲躲藏藏？是不是你这段时间在学校的表现有问题？"

妈妈的批评让东东连忙认错，但妈妈的话又提醒了东东，他把这段时间在学校里面的表现翻来覆去地想了又想，觉得自己没有犯任何错误，还成功地完成了帮助老师组织春游活动的任务。是啊，我为什么要怕老师来家访呢？想到这里，东东觉得应该为明天李老师的第一次家访好好准备一下。

第二天晚上，李老师如约而至。门铃声响起，东东就主动跑去开门。见到李老师，东东马上鞠躬说道："老师好，欢迎来家访！"然后弯腰去给李老师拿拖鞋。看到东东的表现，李老师微笑地点点头，连忙夸东东有礼貌。老师的夸奖似乎让东东更加放心了。

这是爸爸妈妈第一次见李老师，所以东东觉得应该给父母介绍一下李老师，于是连忙拉着妈妈的手说道："李老师，这是我的妈妈。妈妈，这是我们班新来的班主任李老师！”看到东东落落大方，妈妈高兴地一边摸着东东的头，一边热情地跟李老师交谈起来。

东东觉得还少了一点什么，又跑进厨房，一会儿就端出来水果和茶水。李老师夸东东今天的表现真不错，越来越懂事了！妈妈爸爸听到后，欣慰地连连点头。

家访就在这样一种愉快的气氛中开始了，东东一直安静地坐在父母旁边，认真地听着老师对自己的一些看法。这次家访结束后，家里并不像以往家访过后阴云密布，而是充满了阳光的味道。

知识链接

日本：新学年伊始，老师就要对在校生做一次家庭访问；在学期中间，老师会再做一次家访。德国：不同的家庭之间要进行一次访问。

动动脑 如果老师来家访，你还需要注意哪些问题？

请让我来帮助你

知识点 当同学遇到困难时，我们应该尽力去帮助他。同学之间只有互相帮助，才能真正战胜困难。

最近，东东有些孤单，因为他的同桌兼好友小刚转学了。东东每天看着旁边空荡荡的座位，心里充满了期待：谁会成为我的新同桌呢？

今天下午召开每周例行的班会，李老师进了教室，身后跟着一个瘦弱的小男孩。小男孩有些害羞，一直红着脸，低着头。李老师跟大家介绍了这位新同学，接着快速地扫视了一遍教室说：“陈刚，你就坐在第一行第二排的位置吧，正好这里有一个空位！”

原来我的新同桌就是他——陈刚，东东有些兴奋又有些好奇。陈刚怯生生地走到东东旁边的座位，小声地说了一句“你好”，就红着脸坐下了。

下课后，东东向陈刚问了许多问题，可陈刚总是默默地摇摇头。东东觉得陈刚很没趣，有些失望，随后就不再和陈刚说话了。

这是一节英语课，也是东东最自信的一门课。因为东东的口语在班上可是数一数二的。这节课一开始，老师就要抽一位同学读一遍上节课教的英语小故事。东东在座位上跃跃欲试，一心希望老师抽中自己。老师朝着东东座位的方向看了看，随后说道："东东旁边的这位同学，你叫什么名字？哦，陈刚你来读一下，好吗？"

陈刚没想到自己被抽中了，在座位上愣了一会儿。东东碰碰陈刚的胳膊，陈刚这才从座位上慢慢地站起来。只见他头都快埋到书里了，可一句话也没说。整个教室非常安静，大家都用疑惑的眼神看着陈刚，这时陈刚小声地说："我不会！"英语老师示意陈刚坐下，接着说道："那我们请东东来读一下这个故事！"东东熟练地读完了整篇故事，得到了一片掌声。东东骄傲地坐了下来，而一旁的陈刚，头埋得更低了。

放学以后，同学们都回家了，东东被李老师叫去了办公室。东东回到教室，发现陈刚一个人坐在座位上，手里拿着英语课本，眼睛望着黑板发呆。东东走到陈刚面前主动问道："陈刚，你怎么还没回家？"陈刚还是默默地摇摇头。东东想了想说："陈刚，我想在班上组织一个英语口语学习小组，你参加吗？"陈刚终于抬头看了看东东，疑惑地说："我口语不好，可以吗？"东东笑着说："当然可以！"然后一边拍着胸脯一边说道：“以后就让我来帮你练习口语！”看着东东诚恳的样子，陈刚用力地点点头。

原来，李老师把东东叫到办公室后，告诉东东，陈刚以前在乡下读书，没有学习过英语口语，李老师希望东东能够好好帮助陈刚。从这以后，东东又多了一个同桌兼好友。

知识链接

同学之间相互帮助应该注意：帮助别人要量力而行，帮助同学不可图回报，同学之间应当相互帮助。

动动脑 如果得到了朋友的帮助，你应该怎么做呢？

谦虚随和记心上

知识点 做人要谦虚，我们不能狂傲自满、夸夸其谈、卖弄所长、自以为是。

在成为新同桌陈刚的英语口语小老师之后，东东变得更加努力了，他的英语口语水平突飞猛进。每一次英语课上，东东的朗读都会成为全班同学学习的样板，而陈刚也视东东为自己的偶像。

同学们的赞扬，陈刚的崇拜，让东东越来越找不着北了。每次听到其他同学错误的发音，东东就会忍不住讥笑一番。如果陈刚的发音没有达到东东的标准，东东就会严厉地批评他。东东俨然已经把自己当成一个高高在上的“权威”了。如果有同学问他某个英文单词怎么读，东东就会回答：“这都不会，真笨！”

东东的自信已经变成了骄傲和傲慢，这让很多同学越来越不喜欢东东了。

这天，英语老师去市里开会，让全班同学自习。英语老师特意嘱咐，让东东带领全班同学预习一下新的英语课文。“东东，新课文中的英语生词需不需要查一下它的读音呢？”同桌陈刚怯怯地问。东东哼哼鼻子，不屑一顾地说道：“你觉得现在还有什么英语单词能够难得住

我吗？”扔下这句话，东东就跑去踢球了。

上课铃响了一会儿，东东才满脸通红地跑进教室，此时全班同学都已经安静地坐在座位上了。东东从课桌上拿起英语课本，快速地翻到新课文那一页，迅速地浏览一遍，觉得胸有成竹，于是清清嗓子一脸自信地说：“英语老师让我带大家预习一下新课文，下面我先给大家朗读一遍，大家听好我的发音！”东东随后就大声地朗读起来。

第一段的朗读，非常流畅准确，东东有些飘飘然了。在第一段快读完的时候，东东的眼神划过了第二段，这时他发现第二段的第一个单词居然是自己不认识的。“怎么办？”东东觉得全身突然紧张起来，脸也变得通红，“别紧张，我都不认识的词，其他同学一样不认识！”东东暗自给自己鼓劲，然后随便读了一个音准备糊弄过去。

可是，就在东东刚刚读完这个单词的时候，下面就有同学开始小声地议论，还有一个同学站起来对东东说道：“东东，这个单词你读错了！”东东觉得自己的脸滚烫滚烫的，立马还击说道：“我说是这样读就是这样读！”又有同学拿着字典给东东看，东东紧张地说不出话来，他觉得下面的同学似乎都在嘲笑自己。

这时，站在窗外的李老师走进教室，对东东说：“每个人都会犯错，所以我们应该时刻保持谦虚谨慎！”听到这，东东鼓足勇气抬起了头，他发现，每一位同学都真诚地看着自己。东东觉得鼻子酸酸的，他向全班同学表示深深的歉意。班里响起了热烈的掌声。

知识链接

关于谦虚随和的名人名言：
知人者智，自知者明。
胜任者有力，自胜者强。
海纳百川，有容乃大。

动动脑 举行一次演讲比赛，内容是关于名人谦虚随和的故事。

误会矛盾要化解

知识点 同学之间常会产生误会和矛盾。出现误会和矛盾的时候应该相互坦诚、相互包容，并及时化解。

儿童节快到了，学校要举办一场盛大的庆祝晚会。在参加这次晚会之前，每个年级都会有一次节目初选，通过节目初选，每个年级选出两个节目参加这次庆祝晚会。所以，登上“六一”晚会的舞台，将是每一位学生表演者最大的梦想。

娜娜是班里的文娱委员，为了能参加这次晚会，娜娜决定全力以赴。娜娜所在的班最大的竞争对手是二班。因为这次晚会，两个班的同学似乎也变得不那么友好了，只要谈到舞蹈节目，大家都神神秘秘，就怕对方知道了自己的节目内容。

节目初选的这天早上，娜娜草草洗漱完，带上舞蹈服装匆匆忙忙地直奔学校。

娜娜刚到学校，班上舞蹈队的成员就慌慌张张地跑过来对娜娜说："娜娜，我们的舞蹈服装和二班是一样的，连头上戴的黄色发夹都是一模一样的！"娜娜一听，有些着急，随后调整了一下情绪说："没关系，服装只是一个小问题，重要的是我们的舞蹈要跳好！"

娜娜来到舞台后的化妆间，这里挤满了好几个年级的同学，其中也有二班的同学。真是"冤家路窄"，娜娜和二班文娱委员正好碰上了，娜娜昂起头故意装作没看见她。二班文娱委员正想和娜娜打招呼，看到娜娜无视自己，脸上的笑容僵住了，觉得很尴尬。

娜娜埋头整理服装，突然紧张起来，原来自己的黄色发夹找不到了。娜娜拼命地回想，记得黄色发夹是放在包里的呀，可怎么找不着了呢？"难道二班文娱委员她拿走了？对，刚才看到她从我的服装包旁走过，一定是这样的！怕我们的舞蹈超过她们，就搞小动作。"娜娜十分生气地想。

娜娜怒气冲冲地找到二班文娱委员，质问她是否拿走了自己的黄色发夹。二班文娱委员被问得摸不着头脑，连忙解释，可娜娜就是不听，走时还甩下一句话："你是怕我们超过你，就搞小动作，心眼儿真坏！"

马上就要上台表演了，可娜娜没有黄色发夹。这时班上一个同学给娜娜送来了一个发夹，并告诉她这是二班文娱委员借给娜娜的。娜娜拿着发夹有些发愣。就在娜娜有些犹豫的时候，妈妈气喘吁吁地跑来了。妈妈一见到娜娜，就一阵埋怨："你看你粗心大意的，连这么重要的发夹都忘在家里了！”娜娜看着手上的两只发夹，心里很不是滋味。

初选结果出来了，娜娜班上的节目和二班的节目同时入选。当同学们在欢呼庆祝的时候，娜娜悄悄地走到二班文娱委员面前，低着头惭愧地说道：“刚才是我不对，误会你了，请你原谅！”二班文娱委员笑着说：“没关系，咱们还要努力，在最后的“六一”晚会上，再一决高下哟！”

听到二班文娱委员的话，娜娜咧开了嘴，连连点头说道：“好，咱们到时候见！”

知识链接

如果父母错怪了孩子，孩子可以主动向父母说出真实的情况，表达自己的想法，但也要理解父母，同时父母应该为错怪孩子道歉。

动动脑 开展一次演讲活动，主题就是“当别人误解我时”。

问候同学招招手

知识点

和同学相处，不论何时何地，都应以礼相待，与同学见面要互相问候。

东东是一个“变形金刚迷”，家里收集了不少与变形金刚相关的玩具和海报。每每说到变形金刚，东东的眼睛就会放光。

这次月考，东东的成绩提高了不少，爸爸决定奖励东东，周末带东东去看新上映的电影《变形金刚 4》。东东每天都掰着手指头计算，星期一、星期二、星期三……看电影的这一天就要到了，东东激动了一个晚上。

东东一进电影院的大门，就看到了两个巨大的变形金刚模型，形状是东东最喜欢的两款变形金刚。两个模型做得非常逼真，看到模型高大威猛的样子，东东兴奋地扑上去，左摸摸，右看看，绕着模型走了一圈又一圈。

电影院的售票大厅里，人山人海，每个售票口前面都排着长长的队

伍，有不少《变形金刚》的影迷都是冲着最新上映的《变形金刚 4》来的。为了吸引更多的客人，电影院还让工作人员戴上了变形金刚的头套在售票大厅里走来走去。东东看见这些真人版的变形金刚，觉得很有趣，便像个尾巴似的跟在“变形金刚”后面，还拉着一个“变形金刚”让爸爸给自己照相。东东像一条小鱼，在拥挤的人群中游来游去，他觉得今天真是太开心了。

东东在大厅里玩得有些累了，看见售票口排起的长龙，东东开始担心买不到电影票，一个劲儿地催着爸爸快点排队，爸爸笑着望望四周，叫东东别着急。突然，爸爸低下头对东东说：“东东，你的同学小刚正在那边呢，不去打个招呼吗？”东东心里惦记着电影票的事，不耐烦地说道：“在学校天天见面，在这里就不用打招呼了吧！”东东一边推着爸爸去排队，一边往小刚的方向看。这时小刚也看到了东东，正和东东挥手打招呼，可东东急着买票，把脸一下转开了。小刚的手停在了半空中。

爸爸把这一切都看在眼里。买好票进了休息厅，东东总算松了口气，一想到再等一会儿就能看电影了，东东高兴得手舞足蹈。这时，爸爸对东东说道：“东东，刚才小刚跟你打招呼，你怎么不理人家呢？”东东满不在乎地说：“大家经常见面，不打招呼也没关系啊！”爸爸笑着摇摇头说："这样很没有礼貌，见到同学要主动打招呼才对！"东东若有所思地低下了头。

看完电影出来，东东正热烈地和爸爸讨论着电影里的情节，突然看见小刚正和他的爸爸走在前面。东东跑上前去，拍了下小刚的肩膀，笑着说道："嘿，小刚，电影好看吗？"

看着东东和小刚手挽着手，边说边走，爸爸笑了。

知识链接

同学之间交谈的时候，不能使用不雅的语言，不能讲粗话、脏话。

请教同学问题时，要用"请问""打扰一下"等礼貌用语。不论同学对问题是否作出回答，都要表示感谢。

动动脑 和同学比一比，看谁会说更多的礼貌用语。

共同努力得进步

知识点

面对同学的进步，既要为对方高兴，对同学有所鼓励，又要及时地进行自我检查，努力使自己也取得进步。

转眼间，东东已经升入小学六年级了。上学期，东东他们班的期末总成绩在全年级的排名不太理想，为了让同学们都能顺利地进入初中学习，提高同学们的成绩也就迫在眉睫。

班主任李老师想到了一个办法，就是让班上成绩好的同学和成绩差的同学组成学习互助小组。每个小组有十几名同学，这样班上的同学就被分成了三个小组。每个月班里都会评出一个优秀的学习小组，优秀的学习小组将会获得一面流动小红旗。李老师的这个方法果然很有效，以往闹哄哄的自习课，现在也变得安安静静了。即使下课了，学习小组的同学们还都围在一起头碰头地讨论。放学后，成绩好的同学还主动留下来帮助成绩差的同学。良好的学习风气在东东的班上已经

形成了。

陈刚和东东这对同桌兼好友这次被分开了，他们在不同的学习小组。马上就要月考了，班上的气氛开始有些不对劲，学习小组之间的成员们开始相互不说话。放学后，同组的同学用暗号相互联系，然后神神秘秘地去找各自的学习活动场所，生怕别的小组的同学知道了自己的复习情况。而学习辅导书也只能在自己的学习小组里流传，其他的学习小组都不能看。陈刚有问题问东东，东东也总是推说不知道答案。

这个月的月考成绩终于出来了。老师宣布成绩的时候，每个小组的成员都凝神屏气，暗自祈祷自己所在的小组能拿第一名。最终，陈刚所在的学习小组拿了第一名，得到了流动小红旗。下课了，获得第一名的学习小组的成员们又唱又跳，高兴地庆祝着。坐在一旁的东东，愤愤地说了一句“有什么了不起”就跑开了。

放学后，获得第一名的小组又开始组织同学学习了。正当大家认真交流的时候，东东带领着自己的学习小组在教室里开展了一场“足球赛”。东东带着组员们在教室里穿梭着，还故意大声叫嚷，时不时地把球踢到课桌上。正在学习的同学们制止他们，可东东和他的组员们毫不理会。突然“砰”的一声，球砸碎了玻璃，飞出了窗户。陈刚他们小组的同学开始大声地起哄，这时李老师走了进来。

被干扰的学习小组的成员们，都跑到李老师的身边，开始七嘴八舌地“告状”。东东他们知道自己闯祸了，没敢吭声。听到同学们的“告状”，只见李老师皱着眉头，走上了讲台，严肃地说道：“今天这件事，每个同学都有做得不对的地方，学习小组是用来帮助大家共同进步的。我们既要为部分同学的进步感到高兴，又要帮助没有进步的同学共同进步！”听到老师的话，大家都惭愧地低下了头！

知识链接

有关团结的名言警句：
天时不如地利，地利不如人和。
人心齐，泰山移。
团结就是力量。

动动脑 对待学习上落后的同学，我们应该怎么做？

同学间友谊万岁

知识点 同学之间应该相互团结，不打架，不吵架，不搞小团体，要主动帮助同学取得进步。

东东虽然年纪小，可性格开朗，爱玩爱闹。放学以后，东东总会组织同学们在学校操场上踢球。

这天下午，老师出差了，临时安排大家自习。教室里很安静，大家都在认真自习，东东突然想去操场上练练球。他灵机一动，写了张纸条“我们去上厕所”。东东将纸条传给后排坐着的豆豆，豆豆一看立刻领会，于是又将纸条传给了其他几个朋友。

东东第一个站起来向学习委员请假，说肚子疼，要上厕所，于是跑出了教室。过了一会，东东的“死党”们陆陆续续都以上厕所为借口跑出了教室。这一切被聪明的学习委员记在了心里，准备等老师出差回来就向老师报告。

操场上，一场足球比赛就要开始了！以往，东东和朋友们都是一起

踢球，这次在开始前，东东提议分成两组来踢比赛，每个组还可以给自己取个威风的名字。东东的提议得到了大家的拥护。东东这组的队长是豆豆，另一组的队长叫华华，豆豆和华华不约而同地为自己的足球队想到了同一个名字——勇者队。豆豆和华华争了起来，谁也不让谁，他们越争越厉害，华华个头大，忍不住动起手来，站在两边的其他队员也加入了“战争”。一旁的东东把豆豆和华华叫到一起，对他们说：“豆豆是我的朋友，华华也是我的朋友，大家都是朋友，不能吵架，更不能打架，为了取一个名字伤了友谊可不值，大家要团结！”东东一边拉起豆豆的手，一边拉起华华的手，然后让豆豆拉拉华华，又灵机一动说道：“干脆豆豆这组就叫‘勇者1号’，华华这组就叫‘勇者2号’！”听到这，豆豆和华华都忍不住笑了！

这次球赛大家踢得很尽兴，自习课的事早被抛到九霄云外去了。老师出差回来后，学习委员把东东他们自习课去踢球的事情告诉了老师。

老师把参与这次踢球的同学叫到办公室，问：“是谁提议自习课去操场上踢球？”东东低下头，正准备承认，没想到华华站出来说是自己提议的。在华华的带领下，其他几个同学都争相说是自己提议的。东东看到朋友们这么帮自己，有些得意，不禁昂起了头。

老师把眉头一皱，严肃地说道：“你们还真‘团结’。你们觉得这就叫友谊吗？真正的友谊是帮助朋友进步，而不是掩盖朋友的错误！”

听到这里，大家低下头不再说话了。这时，东东走到老师面前，惭愧地说道：“老师，是我提议的，我知道错了！”

知识链接

向同学请教问题的时候要有礼貌：选择恰当的时机，不能随便打扰别人的学习和休息，且使用礼貌用语；假如被请教的同学答不上来，要尽快缓解尴尬的场面；得到帮助不忘道谢。

动动脑 团结同学还可以从哪些方面做起？

大家好才真的好

知识点 当别人比自己强的时候，不嫉妒别人，而是用正确的方式去超越，让自己变得更好。

一年一度的班委选举来临了，娜娜觉得这次学习委员非她莫属。娜娜学习成绩优秀，乐于助人，又多才多艺，在上次的全校算数比赛中得到了第一名的好成绩。所以当选学习委员，帮助他人进步，娜娜认为自己是可以做到的。

老师认真地统计同学们的票选结果，每唱一票，就在黑板上那位同学的名字后面画一道线，最后谁得的“正”字多谁就当选。在大家紧张的等待中，结果出来了，最终娜娜以三票之差落选，小芳当选新的学习委员。大家都对小芳鼓掌表示祝贺，只有娜娜一个人噘着嘴巴，没有出声。

下课后，娜娜走进老师办公室，把自己的委屈说了出来。“老师，我的成绩也很好，也可以帮助同学们进步，为什么我没有当选？”老

师和蔼地笑笑，拿出最近一次测验的语文考卷，说："娜娜的数学成绩很优秀，但是你看，在语文方面就略有欠缺。小芳的数学成绩虽然不如你，但是不偏科，每一门都很优秀。娜娜别灰心，努力把语文成绩提上去，下次一定能够当选学习委员。"

从老师办公室里出来，娜娜还是愤愤不平。"一定是小芳更会讨老师欢心，才能当上学习委员。"娜娜看到小芳向老师汇报同学们的学习情况，还主动去找老师询问不懂的地方，便更加坚信了自己的想法。娜娜这样想着，也这样对同学们说了。同学们开始相信娜娜，渐渐地疏远了小芳。

不久之后，班里再次进行测验。娜娜的测验成绩让她自己都不敢相信：数学成绩虽然一如既往的好，语文成绩却一落千丈，其他几门学科也都退步很多。小芳却依旧保持着稳定的成绩，平均分数是班里最高的。下课后，同学们纷纷向小芳借阅语文卷，娜娜也很想看，但是咬了咬牙没有开口。语文卷上有一道题，无论是查书，还是查字典，娜娜都做不出来。正当她咬着笔杆冥思苦想的时候，小芳走了过来。"娜娜，这道题我正巧会答，是这样的……"小芳坐下来开始认真地讲解。

一开始娜娜很不服气，但是听着听着不禁和小芳交流起来。问题弄清楚后，娜娜认识到了自己的不足，同时也觉得，小芳真的是一个勤奋好学的好班委。娜娜不再嫉妒小芳，和小芳成了朋友。在小芳的帮助下，不仅是娜娜，整个班级的成绩都有了明显的提高。期末，娜娜所在的班级被学校评为先进班集体。看着这样的荣誉，大家都会心地笑了。

知识链接

要用正当的方式去竞争，否则结果一定会是赔了夫人又折兵，既浪费了时间，又没有得到提高和进步。

动动脑 嫉妒别人会有怎样的后果？

我们都是一样的

知识点 不歧视别人的缺陷和弱点，人人平等。

上课铃声响了，大家迅速地回到座位上坐好，安静地等着老师。不久，门外传来了脚步声，班主任李老师出现在门口。她的身后，怯怯地站着一位戴着帽子的男生。看到这位新同学后，同学们开始窃窃私语，“你看……他拄着拐杖呢！”“他为什么戴帽子？”听到同学们的议论，那位同学的头不由自主地低了下去。

李老师走上讲台，把这位男同学也带了上去。李老师说：“同学们，这是我们班新转来的同学，大家欢迎他！”稀稀拉拉的掌声响起来，大家都盯着新同学瞧个不停。老师让新同学做自我介绍，可是老半天也不见他发出半点声音。

李老师和蔼地笑笑，转身在黑板上写下新同学的名字——王健，随后用鼓励的眼神看向他。好半天，王健才支支吾吾地说：“大家好……我叫王健，我……很高兴和大家成为同学。”说完便站在原地不再出声。老师把王健带到座位上，便开始讲课了。这节课，东东一直心不在焉，他满脑子都是刚刚王健走路时一瘸一拐的样子。下课后，王健去洗手间，老师向同学们解释了事情的原委。原来王健小时候得过小儿麻痹症，落下了残疾。由于不喜欢出门走动，王健头上又患上了白癣病，只好戴上帽子遮挡起来。“同学们要好好和王健相处，帮助他恢复自信，和他交朋友。”李老师最后说道。

这节课之后是体育课，男同学们组织在一起踢足球，女同学们踢毽子、跳绳。王健一个人坐在操场的角落看着大家，默不出声。东东远远地看到王健，停了下来。“东东，怎么不踢了？”有同学问他。东东指指王健：“我们和他一起玩吧。”同学们沉默了。东东快步走到王健身边邀请他，王健一脸不敢相信的样子，因为从没有人邀请过他踢足球。东东笑着拉起他的手，慢慢地走到球场上。王健第一次踢到足球时，不由得开心笑了。

在太阳底下，踢一会儿球大家都觉得很热，可是王健还戴着帽子。休息时，东东悄悄地走到王健身边，轻轻地摘下他的帽子。大片大片的白癣出现在同学们眼前，王健一声惊呼，要把帽子抢回去。东东愣了一下，并没有嘲笑王健，其他同学也对他友好地笑起来。“王健，老师说你得多晒太阳病才能好，以后不要总是戴着帽子了。”东东说道。王健看看四周，发现大家都笑着对他点头。王健的眼眶红了，缓缓地点了点头。

从这以后，王健和同学们成了朋友。大家都忘了他的缺陷和不足，真心相待，让他回到了充满阳光和欢笑的生活中。

知识链接

身体有缺陷的人，心灵也十分脆弱，一般都不怎么合群，不喜欢说话。在他们的世界中，一切都是灰色的。我们不能嘲笑他们，要真心相待，让他们的生活也充满色彩。

动动脑 若你身边有残疾人，你应该怎样对待他？

第4章

公共礼仪

爱护他人的物品

知识点 我们不仅要爱护自己的东西，也要爱护他人的东西。

最近有一套课外书在小学生间人气很高，书名叫《淘气的马小跳》，讲述的是和同学们年纪差不多大的马小跳，在上学、交朋友等方面发生的故事，有趣极了。整套书分为上、中、下三册，价格有点高，所以书虽然好看，拥有它的人却很少。

娜娜最近得到了这套书，是她过生日的时候爸爸妈妈送给她的生日礼物。娜娜很开心，每天捧着书看。她很爱惜，整套书看完，还和新的一样。

星期天，东东到娜娜家里玩，在娜娜的写字台上看到了这套书籍。东东兴奋地看了起来，到了吃晚饭的时间，东东还捧着书流连忘返。娜娜见状，便主动说："东东，这本书你拿回去看吧，看完记得还给我。"东东高兴极了，连连道谢，捧着书就冲回家去，临走时还听到娜娜在喊："记得要好好爱护我的书……"

东东将《淘气的马小跳》拿到手后，每当做完功课，都拿起书来

看。东东觉得书中的马小跳和自己很像，连周遭发生的事情都十分相似。一个星期后，东东看完了上册，下课后跑到娜娜身边说："娜娜，上册我看完了，把中册也借给我吧！"娜娜抬头看看东东："我的上册呢？你先把上册还给我，我再借给你中册。"东东挠挠头："那个……我看完后借给小强了，让他看看嘛，你先借给我中册。"娜娜听后有点不太情愿，可还是把中册借给了东东。

转眼一个月过去了，东东看完了《淘气的马小跳》上、中、下三册。课间，东东正在手舞足蹈地给同学们讲书中的故事，娜娜走到他身边："东东，你已经看完了，快把我的书还给我吧。"东东从书包中掏出两本书，但只有上、中两册，两本书的书皮上粘着许多污渍，书页的角也都翻了起来。"东东！我的书……你赔！"东东不以为意地看了娜娜一眼："这是借给别人看的时候弄的，不是我弄的！""那下册呢？"娜娜气愤地问。"下册还在小强那里，他看完了就还给你。""你……"娜娜气得说不出话来，看着自己的生日礼物一个月前还和新的一样，没想到现在却变成了这副模样。一个星期后，小强把下册还给了娜娜，书同样变得很破旧。娜娜不再和东东做朋友了，东东觉得很不服气，又有点失落。

"不就是几本书嘛，本来就是拿来看的，小强说想看就借给他了……"晚饭时，东东把事情的经过告诉了爸爸妈妈。又过了一个星期，一天，东东翻箱倒柜："妈妈，你看见我那套连环画册了吗？"妈妈一边做饭一边说："哦，上次小强来家里找你借书，你没在，我就借给他了。""啊？那可是我最喜欢的一套画册了，小强给我弄脏了怎么办！"妈妈停下来看着东东说道："娜娜的书不是也被你弄脏了吗？"听了妈妈的话，东东站在原地说不出话来。

第二天，东东拿出自己攒的零用钱，买了一套新的《淘气的马小跳》，向娜娜家走去……

知识链接

别人愿意将物品借给你，表示对你的信任。对于他人的物品，我们同样也要爱护，否则下次别人将不再愿意借给你。

借来的东西，在没有经过主人同意的情况下，不能随便转借给他人。

动动脑 你的东西借给别人，你最害怕什么？

安安静静看演出

知识点 观看演出的时候要保持安静，不要影响他人。

娜娜考试拿到双百，蹦蹦跳跳地跑回家中。不仅仅是因为成绩提高了，还因为妈妈答应她只要学习进步了，就带她去看最新上映的动画片。这可是娜娜期待了很久的事情。

电影还没正式开始，娜娜就迫不及待地拉着妈妈走进放映厅，找到座位刚坐下，便和妈妈叽叽喳喳地讨论起来。“妈妈，这个动画片里面会有怪兽出现哦，在电视上看不到的。我们班的东东已经看过了，他说那个怪兽很可怕，还会喷火……”正说着，电影开始了，妈妈示意娜娜安静下来：“娜娜，电影开始了，好好观看，不要再讲话了。”娜娜点点头，开始看电影。

娜娜一边看电影，一边对电影里的情节发表看法，一时间，整个放映厅都回响着娜娜的声音。有不少人转过头来看着娜娜，大家都皱眉

摇头。妈妈赶紧捂住娜娜的嘴巴，悄悄地拉着娜娜出去后对她说：“在电影院不可以大声说话，否则会影响到其他人。”娜娜急着往回跑，没有认真听妈妈说话。

荧幕上出现了一只巨大的怪兽，挥手间便把楼房等建筑物摧毁了，娜娜兴奋地大喊：“妈妈！快看快看，怪兽出现了！这就是东东和我说的，等一下还会喷火！快看啊！”话音刚落，又有不少人转过头来看娜娜，大家看起来都很不高兴，还有人把手指放在嘴边，示意娜娜要安静。妈妈急忙小声对娜娜说：“娜娜！不可以大声喧哗，你看，都影响到大家了！”娜娜觉得很委屈，但接下来她安静地看电影，没有再大声说话。

影片结束了，娜娜却有点不高兴。一些经过娜娜身边的观众都看着她，有的人还白了娜娜几眼。为什么大家都那么不友好？明明怪兽出来了嘛，娜娜委屈地想。正想着，娜娜看到同学小刚牵着他妈妈的手走出来，于是高兴地上前打招呼：“小刚，你也来看动画片啊！你看到怪兽了吗？”

娜娜原本以为小刚会同自己一样兴奋，没想到小刚却“哼”了一声，把脸转了过去。顿时，娜娜羞得满脸通红，眼泪在眼眶中不住地打转。小刚的妈妈不好意思地看着娜娜，同时责备小刚道：“小刚，怎么那么没礼貌，娜娜在和你打招呼！”小刚这才转过头来说：“都是娜娜，一直大声说话，让我没办法专心看怪兽，错过了不少精彩画面！”娜娜听了小刚的话，不由得低下了头。

和小刚告别后，娜娜同妈妈走回家去。路上，妈妈没有说话，娜娜低着头不住地想着小刚的话。妈妈也说过不能大声喧哗，但是自己却没有听进去，没想到自己的行为会让大家不愉快。“妈妈，我知道以后该怎么做了”，娜娜小声地说道。妈妈笑着点点头，和娜娜一同回家去了。

知识链接

在公共场所，比如电影院、戏院，要保持安静，不能大声喧哗。

看演出时，在开始和结束的时候要鼓掌，表示对演员的感谢。

动动脑 如果你在电影院里听到别人大声说话，应该怎么做？

边走边吃不雅观

知识点 边走边吃不仅不雅观，还会使食物沾上尘土，很不卫生。

这天，买完菜后，妈妈去接娜娜放学。隔着菜篮子，娜娜就闻到了卤猪蹄的香味儿，便迫不及待地翻出来，开始大快朵颐。娜娜举着一个油乎乎的猪蹄，边走边啃不亦乐乎。这卤猪蹄是娜娜平日里最喜欢吃的东西，娜娜这会儿更是舍不得放手。妈妈看着娜娜，摇摇头，忍不住说道："娜娜，回家再吃吧。你看，嘴巴吃得油乎乎的，还很不卫生。"娜娜是个很爱漂亮的女生，但此刻已经形象全无了。

老远听到有人叫自己的名字，娜娜回过头去，看到好朋友小芳向自己招手，急忙把猪蹄装起来，"妈妈，快给我面巾纸！快呀！小芳来了！"接过妈妈递来的纸巾，娜娜手忙脚乱地把手和嘴巴都擦干净，这才转过身去和小芳打招呼。她边和小芳说话边往家走，经过一个路口，小芳和娜娜告了别，回家去了。看到小芳走远了，娜娜又忍不住再次拿出猪蹄吃起来。妈妈无奈地直摇头："娜娜，不能回家吃吗？你

看，刚刚遇到了小芳，等一会儿再遇到其他同学怎么办？”娜娜听后，只是“嗯”了一声却没有把食物放回菜篮的意思。

眼看就要到家了，天色却突然暗了下来。从远处飘来一朵朵黑云，预示着一场暴风雨即将到来。娜娜和妈妈加快脚步往家走，还是比不上风雨的速度。一阵强风夹杂着尘土向娜娜和妈妈吹来，娜娜下意识地闭上眼睛，转过头去。妈妈挡在了娜娜身前，过了好一会儿，风才停下来。虽然娜娜躲在了妈妈身后，但还是让尘土迷了眼睛。拍拍身上的尘土，妈妈再次告诫娜娜：“我们快点回家吧，回家再吃！”娜娜这才想起来手上还拿着食物，本来还很想吃，但是妈妈说得对，万一一会儿下雨那就不好了。于是娜娜朝着手中的猪蹄咬了一大口，然后塞进袋子里装了起来。突然娜娜大叫一声，跑到一旁吐了出来，妈妈惊异道：“怎么了？怎么回事？”娜娜只是摆摆手，示意妈妈把水递给她漱口。折腾了好一会儿，总算舒服点了。娜娜喘着粗气，一张小脸也憋得通红，不时还发出“呸呸”的声音，“妈妈，我刚才咬了一口猪蹄，没想到吃了一嘴的沙土，真是又脏又难受！牙齿都被硌着了！”娜娜哭丧着脸说。

正说着，只见远处一道闪电划破天空，紧接着耳边就响起了“轰隆隆”的声音。渐渐地有雨滴在身上，雨点越变越大，越来越密集。娜娜和妈妈都没有带伞，马上回家是不可能了，只好找了一个屋檐避雨。

雨珠像断了线的珠子似的，在天地间形成了一个巨大的珠帘。一个小时之后，雨势才渐渐变小。娜娜拉着妈妈的手赶紧跑回了家，脱下身上已经湿透的衣服，把书包和被雨水淋湿的书拿出来晾干，又洗了个热水澡。等娜娜和妈妈收拾妥当开始吃晚饭时，天已经完全黑了。猪蹄上满是尘土，显然已经不能再吃了，娜娜不好意思地看着妈妈。“娜娜你看，在路上吃东西，不能好好走路，耽误了时间，本来我们能够在下雨之前赶回来的。边走边吃，不仅不雅观，也不礼貌，食物还很容易被污染，造成浪费。”娜娜点点头，想起今天下午的狼狈相，决定改掉边走边吃的坏习惯。

知识链接

边走边吃不仅不雅观，容易把食物弄脏，还不能专心走路，耽误时间。

动动脑 边走边吃还有哪些坏处？

不争不抢走得好

知识点 多人一同行走的时候，不争不抢才能走得通畅。

春节是孩子们最喜欢的节日，看春节联欢晚会，放烟花，吃饺子，一直红红火火闹到正月十五，又可以出去看花灯。正月十五这天，太阳刚刚落山，娜娜就迫不及待地穿上新衣，催促爸爸妈妈出门。早在大年初一，娜娜就盼着这一天的到来，因为在这一天可以和爸爸妈妈一起出去看花灯、猜灯谜，到了午夜，还能看五彩缤纷的烟花。

夜幕降临，娜娜牵着爸爸妈妈的手向迎泽公园走去。本以为来得很早，但是刚走到公园门口，就看到人头攒动，公园里更是人山人海。好不容易挤了进去，爸爸妈妈害怕娜娜受伤，专门挑人少的地方走，但是相对地看到的花灯也少。娜娜有些失望，她很想去看放在公园中央的那个巨型花灯，花灯的外观是她喜欢的卡通人物喜羊羊和灰太狼。远远看去，花灯不停旋转，光彩夺目。“爸爸，我想和喜羊羊合

影！”娜娜央求道。爸爸犹豫了一下，看看远处人挤人的场面，对娜娜说：“前边的人很多，娜娜个子还不够高，很容易受伤。再说大家都抢着去看，万一娜娜和爸爸妈妈走散了怎么办？”娜娜听了爸爸的话，觉得有道理，便不再坚持。

突然，人群中爆发出一阵欢呼声。远远看去，在迎泽湖的湖面上，缓缓驶来一座巨大的龙形花灯。由于隔得太远，灯的样子看不真切。刚刚没有近距离地看到喜羊羊，这次娜娜十分想去看看这个巨型花灯。但是去湖边必须通过一座桥，桥下的水很深，人实在是太多了，万一不小心发生危险，就得不偿失了。爸爸妈妈还在犹豫，只见人们争相向那座桥拥去，都想快点看到花灯。虽然隔得挺远，但还是依稀能够听到维护秩序的工作人员喊话的声音：“请大家不要争抢！一个一个过！请大家不要拥挤！排队通过……”但是人们还是争先恐后，急切地向桥上拥去。终于，那座桥不堪重负，只听一声巨大的轰响，桥塌掉了！

娜娜和爸爸妈妈离公园门口很近，爸爸一把抱起娜娜想要马上离开。但是刚才的事情造成了恐慌，大家又一窝蜂地向大门口拥来，不是很宽的大门立刻被围得水泄不通，不时还能听到争吵声。“你不要抢！我都出不去了！”“让我先过去，让我先走！”一片混乱中，爸爸妈妈费了九牛二虎之力，终于挤出了公园。出来后发现，娜娜的鞋被挤掉一只，妈妈皮包的带子也断掉了。

回到家打开电视，就看到了电视上的新闻报道。由于人们的争抢，桥塌了，许多人掉进了水里，还有许多人因为争抢而受伤。迎泽公园的安保人员说，如果大家能够保持秩序，不争不抢，不仅人人都能看到花灯，也不会发生这样危险的事情。

看到这样的画面，娜娜后怕极了。幸亏当时听了爸爸妈妈的话，没有去争抢着上桥，否则后果真是不堪设想啊！

知识链接

这是根据一则真实的故事改编，当时很多人因此受伤。所以在行走时，尤其是多人行走时，千万不要去争抢道路，保持秩序才能走得通畅。

动动脑 多人行走时，如果看到有人争抢道路，应该怎么做？

废物丢进垃圾桶

知识点 垃圾要扔进垃圾桶里。

“要记得把垃圾扔进垃圾桶里！”无论是在学校，还是在家中，人人都在强调这句话，听得久了，东东觉得自己的耳朵都快起茧子了，但是他并没有真正把这句话放在心上。

上学的路上，东东经过街边的垃圾桶，看见许多垃圾堆放在垃圾桶外面。由于天气太热，垃圾堆里生出了许多虫子，还散发出难闻的臭味。东东心想：每个人都说垃圾要丢进垃圾桶，可是人们还不是随便乱扔垃圾！东东从书包里拿出香蕉，这是妈妈给东东准备的早餐。他边走边吃，吃完了，把香蕉皮随手一扔，便跑着上学去了。

中午放学，东东跑回家，敲了很久的门，都没有动静。“咦，妈妈

怎么不在家呢？”东东疑惑道。他正想着，就看到妈妈扶着奶奶慢慢地走过来，急忙跑过去帮忙。东东低下头，看到奶奶的脚上缠着厚厚的纱布，“妈妈，奶奶这是怎么了？”东东问道。奶奶叹了口气，没有说话。妈妈说：“唉，今天奶奶来家里看你，没想到在路上摔了一跤，把脚给扭伤了。”“今天我本来走得好好的，可没看到地上有一块香蕉皮……幸亏只是把脚给扭了，要不然我这把老骨头可就得散架了。”奶奶接着说道。

真是可恶，到底是谁扔的香蕉皮呢，把奶奶摔成这样，这个人太没有公德心了，东东义愤填膺地想。突然，东东停了下来，脸一下子变红了。妈妈和奶奶诧异地看着东东，不知道发生了什么事情。此时，东东的脑海中像放电影似的闪过今天早上的画面：吃完香蕉，把香蕉皮随手一扔……那块香蕉皮，该不会是自己扔的吧？东东越想心中越觉得愧疚。

“东东，你怎么了，怎么停下来不走了？”妈妈的声音打断了东东的思考。东东红着脸，支支吾吾地说出了实话。“奶奶，真对不起，那块香蕉皮，好像是我早晨扔的，我……”东东羞愧地把头低了下去。“啊？原来是你这个坏小子啊！”奶奶大声说道。东东和妈妈把奶奶搀回家中，东东不小心碰到了奶奶受伤的脚，疼得奶奶直皱眉头。妈妈把东东叫到面前：“平时总和你说要把垃圾扔进垃圾桶，看来你没有放到心上，现在闯了这么大的祸，知道以后该怎么做了吗？”

东东低着头，看到奶奶脚上厚厚的纱布，重重地点点头。乱扔垃圾不仅污染环境，还有可能让别人受到伤害。不随手乱扔垃圾，真的不是光喊口号。

知识链接

乱扔垃圾不仅会污染我们生活的环境，严重的还会造成人身伤害。垃圾长时间不处理便会滋生许多细菌，使人生病，影响我们的正常生活。

动动脑

乱扔垃圾有哪些坏处？

上下车不乱拥挤

知识点　上车下车要守秩序，排队有礼，逐个上下车。

东东有个坏毛病，就是坐公共汽车时，总是一通乱挤，从不排队，妈妈和老师说过东东很多次，东东始终我行我素。东东和娜娜所在的学校，每天放学时有校车送，因为东东的这个坏毛病，所以同学们都不喜欢和东东一起坐车。

这天放学，同学们都自觉排好队准备上车。东东急急忙忙地跑到校车旁边，心里想着电视里马上要播放的动画片，看也不看就往校车上挤，结果一不小心撞到了正准备上车的娜娜。由于用力过猛，娜娜被撞倒在地。东东见状，只好又从车上下来，扶起娜娜："娜娜，对不起，我不是故意的。"娜娜气得脸蛋通红，同学们也纷纷指责东东，但是东

东却不以为意，心里还觉得是娜娜太娇气了。老师走上前来检查娜娜有没有受伤，对东东说：“东东，上车不能乱挤，你看刚才多危险，快去排队吧。”东东低着头没有说话，心里还是不服气，认为排队上车速度太慢。

这件事情过去不久，又发生了另一件事情。一天早晨，东东赖床起晚了，等吃过早餐已经快要上课了。东东急急忙忙地背上书包向公交车站冲去。等了一会儿，公交车就来了，东东上学的时间里还有不少人上班，但是大家都自觉地排队。东东看看表，快来不及了，横冲直撞地就往车上挤。在队伍中间有一位拄着拐杖的老爷爷，见东东这样，忍不住说道：“小朋友，不要挤，排好队上车……哎哟！”老爷爷话还没说完，便发出一声惊呼，他被东东使劲一撞，倒了下去。人们纷纷上前搀扶老爷爷，奈何年纪大了，本来腿脚就不方便，这样一撞更是站不起来了。东东站在原地，被突如其来的情况吓呆了。人们纷纷指责东东，东东上前将老爷爷的拐杖捡起来，哭着向老爷爷道歉。

医院里，东东一个人坐在走廊上，害怕极了。不一会儿，东东的爸爸妈妈还有老师都赶了过来。向医生询问了情况，知道老爷爷只是一般的扭伤，休息几天就会没事，大家才松了一口气。再看东东，已经吓得说不出话来，妈妈上前就要责备东东，却被老师拦了下来。

“东东！”老师站到东东身边，耐心地说：“记得你把娜娜撞倒的那次老师和你说过什么吗？你看，上车乱挤是多么危险的事情，幸亏老爷爷这次没有大碍，否则老爷爷的家人该多么难过啊！”说完，老师又拍拍东东的肩膀。

事后，东东诚恳地向老爷爷道歉，回到学校又向娜娜道歉。这一次东东没有像以前一样敷衍了事，而是从心底认识到了错误，大家都说东东是个知错能改的好孩子。

知识链接

公交车站是一个比较危险的地方，一是因为靠近马路，二是因为车站往往都很拥挤。所以，在上下车的时候一定要遵守秩序，注意安全。

动动脑 上下车时有可能发生哪些危险？

礼让老弱病残孕

知识点 给老弱病残孕让座是我们应该做的。

这个周末，是难得的艳阳天。东东早早起床，心想：要是能和妈妈一起出去玩儿，那该有多好啊！吃完饭，妈妈仿佛看出了东东的心思，边收拾碗筷边对东东说："今天我们去公园放风筝。"东东听后一蹦三跳地欢呼起来。

东东和妈妈来到公交车站等车，等了好久，终于来了一辆。上车后，东东发现只有前面的两个空位了，他迅速地跑到其中一个座位坐下，把身上背的小书包放在另外一个座位上，急切地向妈妈挥手："妈妈快来，快坐这里！"

看到妈妈坐到了座位上，东东才放下心来，专心欣赏起窗外的风景。过了一会儿，一位怀孕的女士吃力地踏上车的台阶。上车后，这位女士紧紧地拉着扶手，环视一周。突然，妈妈站起身，向怀孕的女士招了招手，说道："你坐吧！"怀孕的女士向东东妈妈投来感激的目光，然后坐在了东东专门为妈妈占的座位上。

东东有点不高兴，直到下了公交车才和妈妈说话。"妈妈，刚才你为什么不坐？那位怀孕的阿姨上来得比我们晚，就该站着啊！"东东对妈妈说道。妈妈笑笑，"公交车时常颠簸，不是很平稳。阿姨肚子里有个小宝宝，万一公交车紧急刹车阿姨摔倒了，那小宝宝和阿姨都会受伤的。”妈妈看了看东东，又补充道：“东东，你刚才看到我们座位靠背上的那排小字了吗？”东东摇摇头，刚才他只顾着看风景了。“那排字写的是‘老弱病残孕专座’。不仅是孕妇，老人、残疾人或者是生病的人我们都应该让座。我们站着没关系，但是他们站着就可能会受伤。”听了妈妈的话，东东默默地点点头。

回家的时候，还是坐公交车。上了车，只有前排一个空座位，妈妈示意东东坐上去。车子走走停停，离家还有好几站时，上来一位拄着拐杖的老大爷。看到这位老大爷，东东立刻跳起来说：“老爷爷，您来这里坐吧！”说完将老人扶到座位上。东东转过头，才发现原来还有几个人不约而同地离开了座位，准备给老人让座。老人坐下后，向东东道谢，夸他是懂事有礼貌的好孩子。妈妈也向东东投来赞许的目光。

知识链接

尊老爱幼是中华民族的传统美德。在公交车上或是公园里，遇到老弱病残孕和抱小孩的人，都应该主动让座，献出一份爱心。

动动脑 为什么要给老弱病残孕让座？如果遇到东东同样的情况，你该怎么做？

提前就坐别迟到

知识点 看表演或演出的时候要提前入场，对号入座。

东东的好朋友娜娜要去参加算数比赛，东东决定去为娜娜加油。这次的比赛由东东和娜娜所在的学校举办，娜娜和选手们在台上进行比赛，同学们在台下观看，为选手们加油。

比赛于星期六下午3时举行，3时15分东东才磨磨蹭蹭地到达比赛现场。平时上学，东东就总是迟到。有一次和娜娜约好去看电影，东东迟到了快半个小时，惹得娜娜发了很大的脾气。但是东东却没有记住教训，这次他又迟到了。

赛场十分安静，仿佛针掉到地上都能听见。台上的选手们正在认真演算着，娜娜也在其中。东东大大咧咧地推开门，台下已经坐满了观众。东东好不容易找到一个中间的空位，“咚咚咚”跑上前去，“麻烦让我过去……不好意思让一让……请让我过去一下”。好一会儿东东才坐到座位上，正准备看比赛，才发现人们都在看他。

东东的到来和就坐发出了不小的噪声，打破了原本安静的气氛，大家都不约而同地看着东东，连赛场上比赛的选手们都向东东看过来。东东抬起头，见赛场上的娜娜正看着自己，向娜娜比画了一个加油的手势。娜娜却白了他一眼，摇了摇头，继续低下头演算。因为东东，场下的窃窃私语声一直不断，过了好一会儿，才又安静下来。

一个小时的比赛在铃声中结束了。老师们走上台现场检验评判，不一会儿，结果便出来了。隔壁班的小强获得了第一名，娜娜比小强多算错一道题，以一分之差落在了小强的后面。算数是娜娜的强项，原本娜娜对这次比赛充满了信心，还对东东说这次一定能拿冠军，没想到结果是这样。看到娜娜沮丧的表情，东东走上前去安慰她。

东东对娜娜说："娜娜，别灰心，下次……"东东还没有说完，娜娜便哭着跑开了。东东站在原地，感到莫名其妙。

接下来的几天，娜娜都不愿意和东东说话，经过东东几次询问，娜娜才说："上次比赛，本来我是可以拿到冠军的。但是你迟到了，弄出那么大的声响，大家都议论纷纷，害得我分了心，要不然我一定不会出错。"说完娜娜又伤心起来。

东东听娜娜说完，不由得红了脸，低下了头。过了半晌，东东拉起娜娜的手诚心道了歉，并且保证以后再也不会这样了。果然，从那以后东东再也没有迟到过，无论是上学还是和别人约会都很准时。娜娜看到东东的转变，也很开心，她原谅了东东，两人和好如初。

知识链接

看演出的时候，要提前到场，找到自己的座位，然后安静就坐，不要影响他人。

如果不小心迟到，要尽量保证安静就坐，或者等中途休息的时候再入场。

动动脑 上课或者约会要养成早到5分钟的好习惯。

遵守交规保平安

知识点 在公路上要遵守交通规则，过马路时要注意来往车辆。

“妈妈，我上学去了！”和妈妈打过招呼，东东背上书包，脚上踢着足球，风一样地冲出门去。走到楼梯口，还依稀能够听到妈妈每天叮嘱东东的声音：“东东，一定要注意安全，在马路上不要踢球，注意过往车辆！”像往常一样，东东应了一声“知道了”，便迅速地跑远了。

东东十分喜欢踢足球，他的偶像是法国球星齐达内，总梦想着有一天能和他的偶像一样成为足球明星。课余时间只要一有空，东东便跑去踢球，甚至在上下学的路上也不忘踢上一阵子。这天放学，东东像往常一样，和小伙伴们一起回家，边说笑边踢足球。马上要过马路了，一起走的小伙伴都说，先把足球收起来，等过了马路再踢。可是正踢得起劲的东东哪里听得进去，早上上学时妈妈对他的嘱咐也早就忘了个一干二净。

绿灯亮起，示意行人可以过马路了，东东一路踢着球，只看着脚

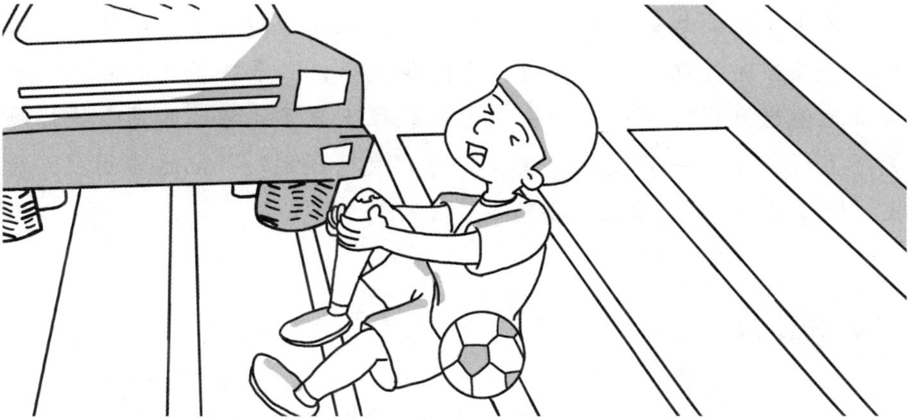

下，并没有像其他人一样关注左右来往的车辆。走到一半，东东不禁得意起来，哪有他们说的那么危险，他这不是平平安安地过来了吗？上次交通安全课上，老师给他们展示了许多因为不遵守交通规则而发生危险的例子，当时东东也觉得触目惊心，但是现在他坚信，那样的事情是不会发生在自己身上的。正想着，不料脚下一滑，那个原本很听话的足球向远处滚去。东东心里一急，不管不顾地冲了上去。这个足球是东东过生日时爸爸送给他的，东东十分喜欢。

同学们眼看东东冲了出去，此时，示意行人止步的红灯已经亮了起来，车子都缓缓开动，大家着急地大喊东东的名字。东东刚刚捡到足球，只听到一声“东东当心”！便觉得眼前一黑，膝盖和胳膊上立刻传来钻心的疼痛。东东没有意识到发生了什么事情，只听到有许多人在喊他的名字，还有一个焦急的声音在说：“小朋友，你没事吧？小朋友，摔着哪里了？”东东被大家扶起来以后，东东才看到自己被甩出去的书包、滚得老远的足球和一个倒在地上的自行车。不小心撞到东东的人，是一位四十来岁的叔叔，他焦急地看着东东，不断询问东东哪里受伤了。此时东东已经被吓得说不出话来，众人急忙拦下一辆出租车，把他送到了医院。

东东的爸爸妈妈赶到医院时，东东的伤口已经被包扎好了。幸运的是，没有什么大问题，只是有一些擦伤，休息两天就会康复。妈妈知道了事情的经过后，后怕地一把抱住东东，爸爸也缓缓地舒了一口气。东东躲在妈妈的怀抱中，瑟瑟发抖，现在回想起来，还忍不住害怕。如果当时撞向他的不是自行车而是汽车，如果撞了他的叔叔没有负责把他送到医院，如果……东东不敢往下想了，耳边回荡着妈妈每天早上说的话："一定要注意安全，遵守交通规则！"他这才明白，原来"注意安全"，是这么重要的事情。

知识链接

过马路时要专心，注意看左右来往车辆，不能三心二意。一定要遵守交通规则，红灯停，绿灯行，保护自身安全。

动动脑

哪些行为是违反交通规则的？这些行为会导致怎样的危险？

徒步行走有讲究

知识点 在街上徒步，也有许多的规矩和讲究。

东东终于康复了。从上次因为不遵守交通规则被自行车撞倒而受伤到现在已经过去了一个星期。妈妈每天为东东上药，伤口已经愈合结痂，东东也能正常走路了。妈妈严肃地批评东东："看你以后还敢不敢不遵守交通规则，乱闯马路了。"东东羞红了脸，小声说道："再也不敢了。"

这天是星期天，妈妈带着东东去逛商场。商场离东东家很近，只隔着两条街道。走在路上，东东牵着妈妈的手，脚下也没有了以前时时刻刻带在身边的足球。自从上次的事情发生后，东东再也不敢边走路边踢球了，而是在课余时间到附近公园的球场去玩。

东东边走边看，他发现：人行道上的人们无论是往南还是往北，都自觉地靠右边行走，因此不是很宽的人行道并不拥堵。东东向妈妈提出疑问，妈妈笑着为他解释："在我们国家，除了香港和澳门，都遵守

靠右行走的交通规则。在人行道上人们自觉地靠右手边的位置行走，这样就不会造成拥堵。如果一个来一个去，人多了会发生冲撞。”听了妈妈的解释，东东了然地点点头。

走了一会儿，东东便没耐心了。“妈妈，你走得太慢了，这得走到什么时候才能到啊？”东东忍不住抱怨道。说着他便挣脱了妈妈的手，快速向前走去，不一会儿便把妈妈远远地甩在身后了。“妈妈，快点儿！”东东向远处挥手，但是妈妈却还是不慌不忙地走着。东东等妈妈走过来了，又快速地向前走去，站在远处等待。东东走走停停，一会儿快一会儿慢，还没到商场便嚷着累了要休息。妈妈一直保持着稳定的速度，并不觉得累。看着东东皱眉的样子，妈妈笑着说：“徒步走路也是有学问的，最好保持同样的速度，让肌肉适应节奏，人才不会觉得疲劳。”“原来如此啊！”东东蹲在地上恍然大悟。

再过一条马路就到商场了，准备过马路时，绿灯已经开始闪烁了。“妈妈，快点！”东东拉着妈妈的手向对面冲去。可是走到马路中央时，绿灯还是跳成了红灯。“糟了！”东东说着就想拉着妈妈退回去，却被妈妈拦了下来。妈妈领着东东站在马路中央的隔离带边，等到灯再一次变绿时，才拉着东东穿过马路。“妈妈，刚刚为什么不退回去？站在马路中央不是很危险吗？”东东疑惑地问。妈妈让东东看了看马路上川流不息的车辆，回答道：“刚刚我们走到马路中央，绿灯变成红灯不能往前走了，但是也不能再退回去。因为两边的车是同时开动的，如果我们退回去，还是会有危险。遇到这样的情况，就站在马路中央的隔离带或者花池边上。交通规则规定左右行驶的车辆要和隔离带保持一定距离，所以我们站在那里反而更安全。”东东看着南来北往的车辆，点了点头。

逛完商场回去的路上，东东仔细地观察了他天天行走的街道和马路，感慨道：“原来走路还有这么多讲究，真不是一件简单的事情啊！”

知识链接

看似简单的走路，却有很多的讲究。走路不能太快也不能太慢，要保持匀速；还要靠右行走，不在路中间滞留，不影响他人。

动动脑 每天上学放学的路上，有什么事情是你忽略了的？

道路狭窄别逗留

知识点 在狭窄的道路上滞留会使道路不畅通。

东东自小生长在城市，很少能看到小动物。因为卫生问题，家里也没有养过小猫小狗。因此，东东对各种只在书本上见过、在现实生活中却很少见到的动物充满了好奇。

下午放学后，东东和小伙伴一同回家。突然，有一个小伙伴睁大了眼睛，指着前方不远处喊道："大家快看！前面有一辆马车！一辆真正的马车！"大家顺着小伙伴指的方向看去，果然，在前方不远处的小路上，有一辆马车停在那里。对于见惯了汽车的城市孩子来说，看到一辆马车就好似看到了外星人乘坐的飞碟，都忍不住凑上前去。东东也加快了脚步往前跑，长这么大，还是第一次见到这么新奇的东西呢！

马车停在一条狭窄的小路上，小路的前方通向一条小巷。马车上放着各种蔬菜。看样子是城郊的农民，在自家地里种了菜，赶了马车到城市里来卖。东东和小伙伴们走上前去，东瞧瞧西看看，嘴里还不时

地啧啧称奇，“……这匹马长得真高！快和公共汽车一样高了！”“怎么有一股奇怪的味道啊？”东东挤在小伙伴中间，也在上下不停地打量着马。不知不觉间，马车周围聚集的人越来越多，另一批放学的小伙伴看到这里围

了不少人，也都凑上前来，左看右看，没有人意识到道路被堵住了。

孩子们都专心致志地看着马车，没有顾得上周围发生的事情，直到有一个人大喊：“大家散开一下，让我过去！”大家才发现道路已经拥挤不堪，根本过不去了。身后越来越多的车开始鸣笛，小巷中也挤满了人，越来越多的人想要出去。现在想要离开马车，让开道路已不可能了。那匹马大概没有见过这么多人，有点受惊。东东和小伙伴们面面相觑，开始害怕起来，如果马生气伤到自己怎么办？要出去的人大概等得不耐烦了，纷纷拥了过来，使原本拥挤的道路更加寸步难行。就这样僵持了很久，大家才看到两个交警远远地向这里跑过来。经过交警的疏通，道路总算畅通一点了。东东和小伙伴们却不愿意走，他们还没有看够呢！但是他们回过头看到身后已经排起长龙的车队，还有前方小巷里不断抱怨的人群，东东和小伙伴们只好恋恋不舍地离去。

在此起彼伏的鸣笛声中，东东好不容易回了家，妈妈早就把饭做好了，看到东东回来，才放下心。东东和妈妈吃完晚餐，还不见爸爸回家。等了好久，爸爸终于迈着疲惫的脚步回到家中。妈妈热好了饭，不禁疑惑道：“怎么今天你们两个都这么晚回家？”东东刚要张口，就听到爸爸说：“别提了，一辆马车堵了路，那条路又很窄，人们出不来进不去的，我在路上被堵了很久。这会儿，大概还有人没有回家呢！”

听到爸爸这样说，东东有些不好意思地低下头，这才把今天放学和小伙伴们一起看马车的事情说了出来。“啊！原来是因为你们这帮小家伙啊！”爸爸说，“你看，因为你们在路上滞留，造成了多大的影响啊！下次遇到这样的情况，千万不能长时间停留了，否则交通被影响，道路不畅通，会耽误不少事情。你想看马车，等放假了，带你回乡下看”。听了爸爸的话，东东郑重地点了点头。

知识链接

道路狭窄，要有秩序地快速通过，不能滞留，否则会造成交通堵塞，影响正常的通行，不仅耽误时间，还有可能发生危险。

动动脑 在路上滞留还会造成哪些影响？这有可能发生什么危险？

打电话要讲礼貌

知识点 打电话时要讲礼貌，注意营造一个良好的谈话氛围。

星期六晚上是娜娜的“解放日”，做完功课后，娜娜终于能够坐在电视机前痛痛快快地看动画片了。娜娜正看得起劲儿，电话突然响了起来。坐在沙发上的妈妈放下了手中正在编织的毛衣，拿起了电话：“喂，你好……哦，她在，请等一下……”说着，妈妈推了推娜娜，“娜娜，是奶奶的电话，快接！”

娜娜极不情愿地接过电话，眼睛还是紧盯着电视屏幕。“喂，什么事儿啊？我正忙着呢！哦，知道了！”说完，便一下挂掉了电话。妈妈错愕地看着娜娜，忍不住问道：“娜娜，奶奶说什么了？”娜娜偏头说道：“说是做了好吃的馅饼让我去吃。”说完就又把头扭过去看电视了。妈妈抽动了下嘴角，没有说话。

“铃铃铃”，正当妈妈要催促娜娜去睡觉时，电话又响了起来。“娜娜，这回你来接电话。”妈妈说。眼看动画片要放完了，娜娜很不情愿地拿起了电话：“喂，找谁？……哎呀，知道了，我在忙，不说了。”娜娜又一把挂掉了电话，“是小文打过来的电话，让我不要忘了约好去她家做客的时间。”娜娜看到妈妈疑问的目光便解释了一句。这时动画片的片尾曲响了起来，娜娜伸了伸懒腰，和妈妈道声晚安，便去洗漱睡

觉了。妈妈看着娜娜的背影，摇了摇头。

第二天，娜娜要去奶奶家。妈妈交代娜娜，中午到了奶奶家要给她打个电话报平安，之后便上班去了。到了奶奶家，吃过午饭，娜娜才想起来妈妈的交代，于是娜娜给妈妈打了电话，电话里的声音十分嘈杂，显然妈妈正在忙碌。“喂，妈妈，我是娜娜，我已经……”娜娜还没有说完，就被妈妈打断了，“哎呀！知道了，我在忙！”说完妈妈便挂了电话。娜娜错愕地拿着电话，久久回不过神来，妈妈是怎么了？以前不管有多忙，妈妈都会耐心地听娜娜讲话，实在没时间也会和娜娜说明情况，过一会儿再打回来，从来没有像今天这样不耐烦的。想到这里，娜娜不禁又给妈妈拨了一个电话，这次娜娜刚刚说声“喂”，就听到妈妈说道：“知道了，知道了，我有事情在忙，不说了！”说完不等娜娜说话，妈妈又径自挂断了电话。娜娜呆呆地放下电话，被妈妈不耐烦又严厉的语气吓了一跳，随后又觉得十分委屈，忍不住哭了起来。

晚上回到家，娜娜一个人坐在房间里。听到门响，知道是妈妈回来了，娜娜却没有像往常一样出去迎接妈妈。不一会儿，有人敲了敲娜娜的房门，娜娜回过头，看到妈妈走了进来，缓缓说道：“娜娜是不是在生妈妈的气？一定觉得很委屈吧？今天娜娜给我打电话，但是我的态度却很不好，不耐烦又严厉，没有听完你的话就挂断电话，也没有和你说再见。”妈妈顿了顿，接着说道：“娜娜记得昨天晚上，奶奶和小文打过来的电话吗？奶奶和小文会有什么感觉呢？无论是当面谈话还是打电话，都一定要讲礼貌，不然别人也会觉得很委屈很生气，久而久之，就没有人再愿意和你说话了。”娜娜点点头，突然想到了什么，冲出房门。“干什么去？”妈妈追问道。“我去打电话给奶奶和小文道歉！”妈妈走进厨房做饭，依稀可以听到客厅里娜娜的声音：“喂，你好，我是娜娜。昨天我……”妈妈欣慰地笑了。

知识链接

而今有许多事情都是通过电话沟通的方式完成的，所以打电话是一门学问。打电话时一定要有礼貌，给对方留下好的印象。

动动脑 模拟一个打电话的场景，开始和结束时要说什么？

饭桌跟前不打闹

知识点 饭桌上打闹，不仅没有礼貌，还会发生危险。

东东和凡凡是一对表兄弟。两人只要一见面就成了家里人的“重点看护对象”，因为他俩实在是太活泼，太闹腾了。两人都自称是“英雄好汉”，在一起时最喜欢比较，比谁的学习好，比谁的力气大，比谁长得高……不论比什么，双方都不甘示弱，一定要把对方比下去，当上第一名才行。

兄弟俩的生日接近，又每天形影不离，双方的爸爸妈妈决定给他们俩一起过生日。这天中午放学，俩人的家长带他们走进一家很高级的饭店。饭桌中间摆着一个精美的大蛋糕，周围都是东东和凡凡喜欢吃的菜肴。爸爸妈妈们为他们送上祝福，还唱了生日歌。东东和凡凡兴奋极了，开心地和家人一起用餐。

吃了一块蛋糕后，只安静了几分钟，两人便坐不住了，绕着桌子跑来跑去，一会儿钻到桌子底下去，一会儿又拿着筷子打仗。许多同在

餐厅用餐的人纷纷看向他们，坐在邻桌的一对夫妇不时地皱着眉头，向他们投来异样的眼光。显然，大家都希望东东和凡凡能够安静下来。东东的妈妈忍不住出声制止：“你们两个小家伙，不许再闹了！快坐下来好好吃饭。你们看，大家都被你们影响了，多不礼貌啊！”东东和凡凡听了这话，停止了打闹，乖乖地坐了下来。

刚吃了几口饭，东东发现餐厅里用的筷子和自己家里的筷子很不一样，家中的筷子是木头的比较轻，餐厅里的筷子拿起来很重，夹菜碰到一起，会发出清脆的“叮叮当当”的声音。看到大人们在专心谈话，东东忍不住拿筷子偷偷敲了一下碗，果然有“叮叮”的声音传来，惹得东东一阵偷笑。凡凡本来在好好吃饭，看到东东拿筷子敲碗，也忍不住学起来。两人制造的声音越来越大，也越来越肆无忌惮，不仅拿筷子敲着碗和盘，还大声唱起了歌，不绝于耳的噪声又惹来别人的注目。这回凡凡的妈妈忍不住了：“停！你们两个乖乖吃饭！再胡闹小心被打屁股！”

果然，凡凡妈妈的话显示了威力，俩人又安静下来。终于一顿饭接近了尾声，服务员告诉他们，还有一个汤会送来。东东一听终于要吃完了，顿时恢复了“庐山真面目”，又拿着筷子敲打起来。凡凡小声警告他：“喂，别敲了！小心被打屁股！”东东不屑地看了凡凡一眼：“你这么害怕，果然不是英雄好汉！”凡凡顿时涨红了脸：“谁说我不是英雄好汉的！我就是！”东东也不甘示弱：“怕被打屁股，就不是！”两人的争吵升级，拿着筷子大闹了起来。这时，服务员正端着一盆汤走过来，东东挥舞的胳膊一不小心打在服务员身上，随着“啊”的一声尖叫，一盆汤洒向了旁边的凡凡……

一阵手忙脚乱后，凡凡被送进了医院。医生给凡凡擦了药膏、开了药，又交代凡凡打了点滴才能回家休息。凡凡被烫伤了后背，只能趴在床上哭泣，东东坐在一边低着头不出声。东东妈妈严厉地批评了东东后，和凡凡的妈妈一起拿药去了。东东拉着凡凡的手，低声说道："凡凡，真对不起，你才是真正的英雄好汉！我们以后在饭桌上再也不要打闹了，否则又得打针又得吃药，还要被打屁股，这样的行为，一点都不是英雄好汉应该做的。"

凡凡擦擦眼泪点点头，同样小声道："以后再也不敢在饭桌上打闹了……"

知识链接

吃饭时，不说话不打闹，这不仅是有礼貌的表现，还会避免发生诸如不小心将饭菜打翻而烫伤或被餐具弄伤等危险。

动动脑 在饭桌上打闹，可能发生什么危险？

客人来了要热情

知识点 有人来家中做客，要热情有礼，让人觉得宾至如归。

暑假的一天，妈妈在家休息，告诉娜娜做完今天的功课后，带她去张阿姨家玩。娜娜开心极了。张阿姨家有一个不小的院子，院子里种着许多漂亮的小花，还有娜娜不认识的农作物。娜娜认真做完功课后，妈妈带着她向张阿姨家出发。

见到娜娜，张阿姨热情地端出饮料、水果，并叫儿子小军过来和娜娜一起玩，之后便和娜娜的妈妈说话去了。小军正坐在电视机前打电动游戏，看了娜娜一眼说了句“一起玩吧”，便不再理睬娜娜了。娜娜坐在沙发上，觉得别扭极了。她想和小军一起到院子里玩，于是说道：“小军，等一会儿我们到院子里玩吧。”小军依旧盯着电视屏幕，“院子里有什么好玩的啊，那些东西早就看腻了，你自己去吧，我要打电动游戏。”说完便不再理睬娜娜。娜娜怔了怔，只好继续坐在沙发上发呆。时间一分一秒过去了，娜娜起身想看看妈妈在做什么。娜娜走到张阿姨房间，却只看见妈妈一个人坐在那里。“妈妈，张阿姨呢？”娜娜疑惑道。妈妈见她来了，放下手

中的报纸，“张阿姨在洗衣服，你怎么不和小军一起玩了？”娜娜撇撇嘴巴，没有回答。

终于等到张阿姨洗完衣服，小军打完电动游戏，可天也黑了下来。张阿姨招待娜娜和妈妈吃过晚饭后，娜娜已经迫不及待地想回家了。“张阿姨再见，小军再见！”娜娜站在门口向张阿姨他们告别，却看见小军仍旧坐在电视机前，没有作声，只是对娜娜挥挥手，算是和娜娜告别。

回家的路上，妈妈问娜娜今天玩得开不开心。娜娜低着头，沉默着，没有出声。良久，她摇摇头，对妈妈说：“今天一点都不开心。”“怎么了？不喜欢和小军一起玩吗？”妈妈摸了摸娜娜的头，柔声问。“小军一直在打电动游戏，不和我说话，也不理睬我。我本来很想去张阿姨家的院子里玩的。张阿姨也不和妈妈说话，只顾着洗衣服，所以我很无聊。”妈妈被娜娜的回答逗得笑出声，点点头对娜娜说：“你看，今天我们去张阿姨家做客，小军和张阿姨却各自做自己的事情，没有很好地招待我们，娜娜觉得无聊，妈妈也是一样。等下次有客人到我们家来做客，娜娜要热情地招待他们，让别人觉得到我们家做客是一件开心的事情。”娜娜听了妈妈的话，使劲点点头。

不知不觉，暑假过了一半。这天，妈妈告诉娜娜，今天张阿姨要带着小军到家里来做客，让娜娜懂礼貌，好好地招待他们。吃过午饭，张阿姨和小军来了，娜娜热情地向他们打招呼：“张阿姨好，小军好。”说完从冰箱中拿出饮料和零食招待小军，妈妈则拉着张阿姨一起说话。吃完零食，娜娜拉着小军一起做游戏，把自己的玩具拿出来和小军一起玩。两人玩得很愉快，欢笑声充满了整个房间。时间过得飞快，一眨眼天就黑了。娜娜妈妈做了丰盛的晚餐，大家开心地吃着。吃完晚饭，张阿姨要带着小军回家了。临走前，娜娜真诚地说："张阿姨再见，小军再见！欢迎下次再来玩！"张阿姨直夸娜娜懂事有礼貌，小军却扭扭捏捏的，没有说话。良久，小军才红着脸对娜娜说："上次你去我家玩，没有好好招待你，真对不起。下次再来我家玩吧，我种的小草莓熟了，我们一起到院子里摘草莓去。"张阿姨听后也不好意思地笑了，对娜娜的妈妈投去歉意的目光。娜娜的妈妈微笑着点点头，娜娜也高兴地答应了。

送走了客人，娜娜对妈妈说："热情招待客人，让别人感到愉快，自己也同样感到十分愉快。"妈妈笑着亲了亲娜娜，夸娜娜是个懂事的好孩子。

知识链接

客人来家中做客，要热情有礼，不能冷落客人。同时，还要掌握分寸，太过热情也会让别人感觉不自在。

动动脑 有人来家中做客，应该怎么做？

做客时间先约定

知识点 在去别人家做客之前，要先征求对方的意见，和对方约定好时间，不能冒昧打扰。

星期天，东东做完功课便蹦蹦跳跳地出门了。前几天听小明说，他的爸爸给他新买了一个变形金刚，可以变形成汽车、飞机、坦克，装上电池还能自己走路，十分新奇。东东好奇这个玩具好久了，今天终于有机会能够去小明家里玩了。

东东走到小明家门口，按响了门铃，但是过了好久都没有回应。

“会不会是小明没有听见呢？”东东心想。于是东东使劲地敲小明家的门，边敲还边喊：“小明，我是东东，我来找你玩了！”过了许久，屋里还是没有动静，东东举手准备继续敲门。突然，小明邻居家的门打开了，一个叔叔探出头来：“小明家今天没人，小朋友，你还是改天再来吧。”东东听后有点失望，谢过那位叔叔后离开了。

没想到小明不在家，自己白跑一趟，没有玩到变形金刚，东东有点不甘心。他仔细想了想，另一个好朋友小红家就在附近，既然没有找到小明，那就去找小红玩吧。想着想着，东东又高兴起来。

东东来到小红家，小红和她的妈妈都在家中。东东礼貌地向小红

妈妈问好，又对小红说：“小红，我们一起玩过家家吧。我刚才去找小明，他不在家，你和我一起玩吧。”小红有点为难地看着东东，犹豫了一下说道：“可是东东，我正准备和妈妈出门，妈妈说要带我去逛商场，还说要给我买花裙子。”东东听后十分泄气，小明不在家，小红又要出门，早知道就不出来找他们玩了，东东边想边垂下了头。

小红妈妈端出了水果和点心，看到东东垂头丧气的样子，便对小红说：“小红，我们下次再去商场好不好？你看今天东东特意跑过来和你玩，如果我们走了，东东会难过的。”小红低着头，没有吭声，半晌才点了点头。东东看小红答应了，便高兴地拉着小红玩过家家，又和小红一起看卡通片、做游戏。但是从头到尾小红都没有高兴起来，噘着嘴巴，不像平时和小朋友们玩耍时高兴的样子。

天色渐渐晚了，到了吃晚饭的时间。东东帮助小红收好玩具，起身告别。“我得回家吃饭了，阿姨再见，小红再见！”东东说着便走向门口。“东东要回去了，下次再来玩。”小红妈妈笑着和东东道别，又回头看看沉默的小红，说：“小红，快和东东说再见，东东要回家了。”

小红没有说话，看了妈妈一眼，突然大声哭了起来。小红妈妈急忙跑过去拉起小红的手，低声安慰她：“好好的怎么哭起来了？”小红还是止不住眼泪，抽泣着说：“今天我想去逛商场，想去买花裙子的，现在去不成了！”东东看着哭泣的小红，站在门口，不知所措。

回到家后，东东将今天发生的事情告诉了妈妈。妈妈摸摸东东的头，语重心长地说道：“东东，下个星期我们要去拜访张叔叔。如果突然有小朋友来找你玩，你便不能去张叔叔家，东东会高兴吗？”东东想了想，摇了摇头。妈妈接着说道：“就像今天你突然去找小红，打乱了别人的计划一样，这是十分不礼貌的。因为没有事先约定好，没有玩到变形金刚，东东也会不开心。每个人都有自己的时间安排，可能你有时间的时候，别人还有其他事情要做。如果下次要去小朋友家做客，一定要事先和对方约定好时间，就不会出现今天这样的情况了。”东东听后，若有所思地点点头，“那我明天去向小红道歉，以后一定先说好再去别人家里玩”。妈妈听后，直夸东东是知错能改的好孩子。

知识链接

1. 如果临时有事要去别人家，要先打电话告知，让对方有所准备。

2. 做客时间约定好了，最好不要随便更改。如果有事，要提前打电话通知对方。

3. 到别人家中做客，要有礼貌。不要随便乱跑，更不能随便乱动别人的东西。

动动脑 突然想去小朋友家做客，要先做什么？

收到礼物要致谢

知识点 收到礼物之后，要及时向对方道谢。

娜娜十分喜欢布娃娃，所以爸爸妈妈经常给她买可爱的娃娃。在娜娜的小房间里，桌子和床上都摆满了各式各样的布娃娃。每天做完功课后，娜娜都会将她的布娃娃拿起来摆弄一阵，和布娃娃们做游戏、过家家，玩得不亦乐乎，直到妈妈喊她吃饭，才依依不舍地离开房间。

娜娜九岁了，过生日的这天正好是星期日。爸爸妈妈在家做了很多好吃的给娜娜庆祝生日。邻居王阿姨也带着她的女儿小婉来为娜娜过生日。吃过生日蛋糕，爸爸妈妈拿出准备已久的礼物送给娜娜。不出所料，是一个精美的布娃娃，大大的眼睛，长长的睫毛，红扑扑的脸蛋，还穿着小花裙子，十分可爱。娜娜

谢过爸爸妈妈后，便高兴地摆弄起布娃娃。王阿姨笑着看看小婉，示意小婉也把礼物拿出来。小婉从袋子里拿出一个四四方方的盒子，递给正在和布娃娃玩的娜娜。“娜娜，这是我送给你的礼物，祝你生日快乐！”娜娜接过盒子，摇了摇，听到里面传出“砰砰”的声音，打开包装，原来是一只会跳动的玩具小青蛙。小婉拿过来上了发条，小青

蛙便一蹦一跳地表演起来，大家都被逗得哈哈大笑，娜娜却没有吭声。半晌，娜娜嘀咕了一句："原来不是布娃娃啊！"小婉正玩得高兴，突然听到娜娜这样说，不由得停了下来，看看王阿姨，又看看娜娜的爸爸妈妈，委屈地吸吸鼻子，揉揉眼睛。王阿姨见状，尴尬地笑了笑说："娜娜，真抱歉，不知道你喜欢布娃娃就给你选了这个礼物，下次阿姨再送你布娃娃，好不好？"娜娜的爸爸妈妈责备娜娜不懂事，"娜娜，快给小婉道歉！谢谢小婉送给你的礼物！"娜娜被妈妈严厉的声音吓得怔了怔，扭捏了半天，哭了起来，"可是我喜欢布娃娃嘛！"说完便跑回了房间。

不知过了多久，妈妈喊娜娜出来吃晚饭。饭桌上，除了饭菜之外，还有几张摆得整整齐齐的卡片。娜娜仔细看了看，原来是过年过节的时候，娜娜给妈妈做的贺卡。娜娜疑惑道："妈妈，你把卡片拿出来做什么？"妈妈笑着说："娜娜送给我的卡片我都很喜欢，只是这几张画得不好看，不想要了，准备丢掉。"娜娜听后噘起了嘴巴，也不作声，低头吃起饭来。晚饭过后，娜娜果然看到妈妈把卡片拿起来，扔到了客厅的垃圾桶里。娜娜再也忍不住了，"哇"的哭出声来，"妈妈，那可是我画给你的卡片，怎么就丢掉了！"妈妈说："因为这几张我不喜欢啊！""可那是我认真准备的，不能丢掉！"妈妈没有说话，等娜娜哭完鼻子才说："娜娜送给我的礼物是认真准备的，可是别人送给娜娜的礼物呢？娜娜不喜欢别人送的礼物便丢掉了，那送礼物的人也会像娜娜一样难过，下次也不愿意再送娜娜礼物了。"娜娜眨眨眼睛，想起今天中午小婉伤心难过的样子，羞愧地低下了头。"妈妈，我知道错了。”娜娜小声说道。

晚饭后，王阿姨听到敲门声，打开门，看到娜娜抱着布娃娃和妈妈一起站在门口。“娜娜来啦，快进来！”王阿姨把她们请进门，又喊了小婉出来。娜娜扭捏地坐在沙发上，妈妈微笑着向娜娜点点头，示意她不要紧张。娜娜小声对小婉说：“今天中午是我不对，你送的小青蛙我很喜欢。这个是我最喜欢的布娃娃，送给你。下次我们一起玩吧。”娜娜说完低下了头。小婉原谅了娜娜，抱着布娃娃开心地笑了。

知识链接

礼物代表了心意，不管是不是自己喜欢的，都要向对方道谢。

礼物不在于有多么贵重，但是一定要诚心诚意地送给对方。

动动脑 收到别人的礼物后该说什么？该怎么做？

自我介绍有礼貌

知识点 有礼貌地自我介绍，能给别人留下好的印象，交到更多的朋友。

新学期开学不久，少年宫开办的精英美术班也如期开课了。娜娜一直都很喜欢美术课，她在绘画上很有天分，对于即将开始的美术课程十分期待。

伴着上课铃声，娜娜和同学们一起踏进美术班的教室。一位年轻美丽的女老师走了进来，站在讲台上，环顾了教室一周，和蔼地说：“同学们好，欢迎大家来到精英美术班学习美术。我的名字叫王美，大家以后可以叫我王老师，希望能够和同学们相处愉快。”大家不约而同地鼓掌，异口同声地喊：“王老师好！”王老师微笑着开始讲解第一堂美术课的内容。

课堂上，娜娜听得津津有味，不知不觉间，一节课临近了尾声。王老师说道：“第一节课就先上到这里，大家休息十五分钟后我们再接着讲。同学们今天都是第一次见面，互相自我介绍一下，希望大家都能变成好朋友。”下课铃声一响，同学们都活跃起来，说话声音渐渐变大，不一会儿都叽叽喳喳地开始交流。教室里时不时能够听到“你好啊，很高兴认识你，我的名字是……”“你在哪个小学上学啊？……很开心能和你做朋友。”娜娜一个人坐在座位上，看着周围的小朋友发呆，没有说话。“你好啊！”一个声音响起，娜娜抬起头，看着面前的女孩。“我叫郭佳，很高兴认识你。”娜娜对她笑笑，说了声“你好”。郭佳眨眨眼睛：“你叫什么名字？”“周娜娜。”，娜娜回答。叫郭佳的女生没有再说话，站了一会儿便离开了。娜娜转过头去，看到邻座的女孩正捧着一本漫画书看得津津有味。娜娜凑过去，也跟着看起来。女孩看到娜娜，欠了欠身，“你好啊，我叫张丹丹。”女孩笑眯眯地说。“哦，我叫周娜娜。”娜娜回答后，没有抬头，眼睛仍旧盯着漫画书。张丹丹沉默了片刻，没有再说话，将漫画书收起来，和别的小朋友说话去了。“喂，你的漫画书让我看看吧。”娜娜冲张丹丹的背影说道。张丹丹回头看了娜娜一眼，转过头去没有再理睬娜娜。

娜娜觉得莫名其妙，又感到十分委屈。“真小气！”娜娜嘀咕着。这时，第二堂课的上课铃声响起来了，老师走进来接着上课。在这堂课上，娜娜不像第一节课听得那么专心，总是不由自主地走神。第二节课下课了，娜娜一个人坐在座位上，看到郭佳和张丹丹有说有笑，便走上前去，“你们说什么呢？也和我说说吧！”两人看看娜娜，没有理会，转到别的地方说话去了。娜娜愤愤地撇撇嘴，回到座位上。第三节课娜娜完全没有专心听讲，好不容易挨到下课，娜娜收拾好东西便飞奔出教室。

娜娜的妈妈等在教室外，见到娜娜后，问她今天的美术课怎么样。

娜娜没有吭声，良久，才将今天发生的事情原原本本地告诉了妈妈。“我想和她们交朋友，不知道为什么会变成这样。”娜娜很委屈地说道。

妈妈拉着娜娜在少年宫门口站住，对娜娜说：“你好，我的名字叫周娜娜，很高兴能和你一起上美术课，希望我们能成为好朋友！下次试试这样自我介绍，看看会发生什么变化。”正说着，郭佳和张丹丹结伴向门口走来。妈妈鼓励地拍拍娜娜的肩膀，娜娜走上前去，不一会儿，又开心地跑回来，还对着身后的郭佳和张丹丹挥挥手：“下周再见！”两人也向娜娜挥挥手。转过头来，娜娜对妈妈说：“妈妈，我明白了！”妈妈笑笑，和娜娜回家去了。

知识链接

自我介绍时，要首先说自己的名字，并且面带笑容，向对方表示友好。

动动脑 遇到不认识的人，该怎样自我介绍？

自我介绍不夸张

知识点 自我介绍要向他人展示自己独特的一面，最好把自己的闪光点介绍给别人，但前提是这个闪光点一定是真实的。

周一下午举行例行班会。班主任把这次班会的主题定为“夸夸自己”。老师说完要求以后，同学们开始一个一个做起了自我介绍。轮到娜娜时，娜娜自信地走上讲台，清清嗓子，大声地说道：“我叫娜娜，今年11岁。我最喜欢的科目是数学，因为我觉得数学很神秘，充满着许多的未知，它吸引着我，让我有股想揭开它神秘面纱的欲望。课余时间，我喜欢看世界名著和名人传记，这样可以感受到名人的气息。我还喜欢旅游，喜欢感受那些美不胜收的自然景色和美轮美奂的人文奇迹。我还很喜欢帮助人，因为帮助他人我就会有更多的朋友，我爱大家，大家才会爱我。这就是我，一个爱学习又爱广交朋友的普通女孩。”

同学们都为娜娜精彩的自我介绍而鼓掌，班主任也满意地点点头，示意娜娜坐下。

接下来轮到东东作自我介绍。东东心里暗想：看我的吧，我会讲得比你好！“我叫东东，今年也是11岁。我最爱学习，尤其是数学，我将各种公式都运用得十分熟练，而且经常考满分，所以班里同学都很

妒我……”

东东还没有说完，班里已经是嘘声一片了，还有同学小声说道：“东东数学就没考及格过，还说什么经常考满分，笑死人了。”东东像没听见似的继续讲道：“我在课余时间最喜欢搞科学小发明，尤其是做小飞机和小汽车。昨天晚上我还成功制作了一个小飞机，我控制着它，在天上飞了好几个小时呢……”还没等东东讲完，就有同学按耐不住了：“真爱吹牛，你也太夸张了，你会做吗？那明天让我们大家看看你的飞机啊！”“对啊，对啊，拿来看看啊！”同学们附和着。

东东红着脸低下了头，因为他根本就不会做飞机。“同学们，安静一下！”老师示意同学们安静下来，“请同学们记住，这样打断别人的讲话是很不礼貌的行为。做自我介绍时，要根据自己的实际情况实话实说，如果像东东这样，会被人看成不诚实的孩子。要向娜娜学习，那样才是诚实的好孩子”。

听到老师的话，东东再次惭愧地低下头。

知识链接

1. 在做自我介绍或平日和别人交流时，应根据自己的实际情况，诚实谦虚地介绍自己。

2. 在开会的时候，应该遵守秩序，不要随便打断别人的讲话，也不要小声说话。

动动脑 需要自我介绍的时候，该如何介绍自己呢？

尊重他人的隐私

知识点 每个人都有自己的秘密，我们要尊重他人的隐私。偷窥他人的隐私是一种不道德的行为。

东东从小就养成了一个好习惯，那就是写日记。从上小学一年级开始，东东把每天发生的事情和自己当天的心情写下来，现在已经攒了厚厚的一叠日记本。闲下来看看自己的日记，东东觉得很有趣。

东东的好朋友娜娜也有写日记的习惯，时常可以看到娜娜在一个精美漂亮的小本子上写着什么，这让东东十分好奇。这天下课，东东跑到娜娜身边，邀请娜娜一起做游戏。娜娜抬起头，合上手中的本子说："你先去，我马上就写完了，这就过去。"东东慢吞吞地离开，心里却十分好奇：娜娜在写什么？有没有写到自己？于是东东又跑回娜娜身边，娜娜被吓了一跳，猛地用手把本子捂起来，"你怎么又回来了？"娜娜问道。东东目不转睛地看着那个本子："我们是好朋友，让我看看嘛！""不行！这是我的小秘密，只能我一个人看。"娜娜拒绝了东东的要求。东东再次悻悻地离开了。看着东东走远，娜娜才又打开了日记本。

星期五大扫除，娜娜和几个同学站在走廊中擦玻璃。东东在教室里拖地板，经过娜娜的座位时，他看到那个精美的小本子从娜娜的桌兜里露出一个角。东东觉得机会来了，他悄悄地看向门外，娜娜正在和小伙伴们劳动，没有注意到这里。于是，东东放下拖把，快速地将那

个本子抽出来，蹲在地上津津有味地看着。

正当东东看得起劲，一双脚出现在他面前，顺着脚往上看，娜娜怒气冲冲的脸就在眼前。东东张张嘴巴："我……"东东还没来得及道歉，娜娜便一把将那个本子夺了过去，放进书包里拉好拉链。"你这个小偷！"娜娜气愤地叫着。本来东东觉得挺不好意思，听到娜娜这样指责自己，忍不住生气了："我只不过看看你的日记，有什么了不起的！凭什么说我是小偷？""你偷看我日记，就是小偷！"娜娜说完头也不回地冲出教室。

之后的几天，娜娜都拒绝和东东说话。直到一个星期后的晚上，在爸爸妈妈的询问下，东东才说出了事情的原委。"我只是看了看她的日记，她凭什么就说我是小偷？"东东委屈地说。爸爸妈妈相视一笑，没有说话，直接走到东东的卧室里。妈妈打开东东的抽屉，找到日记本开始读了起来。看到这一幕，东东的眼睛都瞪圆了，快速冲过去抢回自己的日记本。妈妈诧异地看着东东："怎么了，妈妈只想看看你写的日记。"东东直摇头："不行，这是我的日记，里面有我的秘密，我……"东东越说声音越小，渐渐地低下了头。半晌，东东说："妈妈，我知道错了，我明天就去向娜娜道歉。"

知识链接

我们每个人都是独立的个体，每个人都有属于自己的空间和隐私。这无关年龄大小，也无关和对方的关系如何。在和朋友相处的时候，要学会尊重他人的隐私，这样友情才能长长久久。

动动脑 假如你的秘密被别人知道了，你的心情会是怎样的？

称呼对象别犯忌

知识点 在称呼比自己年长的人时，要用尊称，不能直呼其名。

东东的舅舅和舅妈搬家了，现在住的地方离东东家很近，两家住在同一个小区，只隔了一栋楼，平时没事的时候两家经常聚在一起。舅妈家的王凡哥哥已经上小学四年级了，有了小哥哥陪东东玩耍，东东十分高兴。

这天中午，王凡和东东一起到东东家吃午饭。吃饭时，东东妈妈不断地给王凡夹菜，说王凡吃这个菜，有营养，让王凡喝那个汤，能长成高个子。东东看着王凡面前的红烧肉，想夹起来吃，无奈胳膊太短，够不到，于是脱口而出：“王凡，我要吃红烧肉，你给我夹一块吧。”妈妈和王凡听后都是一愣，半晌才反应过来。妈妈敲了敲东东的脑门，“怎么能直呼王凡哥哥的名字？王凡比你年纪大，要叫他哥哥，明白吗？”东东点点头，没有说话。

之后东东直呼王凡名字的毛病改了，一口一个哥哥叫得亲热。这天妈妈给东东开完家长会，带着东东回家。路上，他们巧遇了妈妈的两个同事。打完招呼后，妈妈说：“这是我的儿子东东，上小学了。东东，快叫人啊！”东东听了妈妈的话后，眨了眨眼睛，“舅舅好，大姨好！”东东话一出口，大家都愣在当场，良久才反应过来，不禁哈哈大

笑。“东东，不是舅舅和大姨，是叔叔和阿姨”，妈妈纠正东东的错误。东东噘起嘴，抗议道：“可是这位叔叔看起来和舅舅年纪差不多，这位阿姨又和大姨年纪相仿，怎么是叔叔阿姨呢？”说完又引来大家的一阵笑声。和叔叔阿姨告别后，妈妈领着东东回家去了。

吃过晚饭，妈妈开始对东东进行“称呼”教育。“东东，以后见到爸爸妈妈的同事，要叫叔叔阿姨；见到比你年长的哥哥姐姐，不能直接称呼别人的名字；见到了和爷爷奶奶年纪相仿的人，要说爷爷奶奶好。明白了吗？”东东点点头，又问道：“为什么不能说外公外婆好，舅舅舅妈好？”妈妈耐心地解释道：“像舅舅舅妈、外公外婆这样的称呼，通常用来称呼我们的亲人。但是除了称呼爸爸的父母为爷爷奶奶，或者爸爸的兄弟姐妹为叔叔阿姨，也可以分别用来称呼和爷爷奶奶、爸爸妈妈年纪相仿的人。这是约定俗成的，大家都这样称呼。下次可不能乱称呼别人了，记住了吗？”听了妈妈的解释，东东总算是明白了。之后遇到和别人打招呼时，东东没有再犯错，大家都夸东东是个懂事有礼貌的好孩子。

知识链接

1. 如果不小心用错称呼，要及时道歉，并用正确的称呼打招呼。
2. 在称呼别人和同别人打招呼时，要分清楚主次，先向最年长的长辈打招呼，再和同父母一辈的叔叔阿姨打招呼。

动动脑　你平时有没有用错称呼的时候？

乐于助人不图报

知识点 受人滴水之恩当涌泉相报，但是帮助别人应该不图回报。

娜娜报名参加了学校的舞蹈队，忙着为学校十周年校庆的演出做准备。这天，正好轮到娜娜所在的小组打扫卫生，但是娜娜要去参加舞蹈队的排练。放学后，娜娜见东东还没有走，便央求东东帮助自己："东东，今天你有没有事情啊？我马上要去舞蹈队参加排练，不能打扫卫生了，你能不能帮我打扫？"东东想了想，今天好像没有什么特别的事情，于是回答："今天我没事情，就帮你打扫了，但是……"娜娜听了上半句后刚想说谢谢，却又听到东东的"但是"，她眯起眼睛："但是什么？""我想要你的那块苹果味的橡皮。"东东说出了条件。

娜娜犹豫了，那块橡皮自己也很喜欢，她知道东东眼馋那块橡皮很久了，没想到他会把它作为这次的交换条件。正当她犹豫不决的时候，同为舞蹈队队员的小芳跑来找娜娜："娜娜，快点来啊，快要迟到了！"没办法，娜娜答应了东东的要求，从书包中拿出橡皮递给东东，然后和小芳去了舞蹈教室。

东东帮助娜娜打扫完卫生就回到家了。做功课的时候，东东打开铅笔盒，看到娜娜给他的橡皮，拿起来闻一闻："哇，真香！"正当东东高兴的时候，门铃响了起来，原来是妈妈的同事张阿姨来了。张阿姨提着一篮子水果对妈妈说："上次你帮了我大忙，真是太感谢你了。买点水果给东东吃吧。""这怎么好意思呢，快拿回去。上次帮忙是应该的，别

客气。”妈妈推却道。但是张阿姨坚持把水果留下来，又说了几句话便回家去了。

第二天是星期六，妈妈早早起来，带着东东去了商场。买了一些礼物后，妈妈和东东向张阿姨家走去。“妈妈，我们要去张阿姨家做客吗？”东东不解道。“张阿姨昨天买了水果来我们家，礼尚往来，我们今天要去拜访张阿姨。”妈妈笑着回答。听到妈妈的话，东东就更不理解了：“可是妈妈帮助张阿姨了啊，张阿姨买来水果不是应该的嘛！”妈妈停下来，看着东东认真地说：“我们帮助别人，并不是要得到别人的回报，而是因为他们是我们的朋友，有了困难就要互相帮助。但是当别人帮助了我们，我们一定要记住人家的好，这样才会得到更多的帮助。”

东东听了妈妈的话，认真思考起来：娜娜是他最要好的朋友，但自己只是帮了娜娜一个小忙，就要求回报，实在是不应该。东东有些不好意思，决定星期一上学的时候就把橡皮还给娜娜。想到这里，东东心中顿时轻松了起来，高高兴兴地拉着妈妈的手向张阿姨家走去。

知识链接

苏联伟大的文学家高尔基先生说过这样一句话：“给”永远比“拿”愉快。意思是，力所能及地帮助别人，比获得别人的帮助更让人感到愉快。当受到别人的恩惠或是帮助的时候，你要记得别人的好，涌泉相报。当我们帮助了别人后，不能要求别人给自己好处，应施恩不图报。

动动脑 别人帮助了你，你应该怎么做？

你的东西还给你

知识点 捡了东西要想办法归还失主，或者交给警察。

“我在马路边，捡到一分钱，把它交到警察叔叔手里边，叔叔拿着钱，对我把头点，我高兴地说了声叔叔再见！”这首早年风靡一时的儿歌，曾经家喻户晓，人人耳熟能详。但会唱是一回事，做到却又是另外一回事。东东会唱这首儿歌，但对于儿歌中蕴含的精神，却没有理解透彻。

一天傍晚，东东兴冲冲地跑回家中，手里举着一个黑色的手提包。妈妈见了，诧异地询问东东手提包的来历。东东开心地回答：“是我在路边捡到的！妈妈快看看，里面有没有钱？”妈妈打开手提包，发现里面有不少现金，不过最重要的是，里面还有失主的身份证和银行卡。妈妈心里清楚，补办这些证件是一件十分麻烦的事情，需要很多时间。如果失主临时有急用，那现在该多着急呀！

想到这里，妈妈迅速地解下围裙，拿着钱包出门去了。两个小时后，妈妈才回来。东东走上前去，左看右看，见妈妈两手空空，忍不住问：“妈妈，手提包呢？”妈妈边换鞋子边回答：“刚刚送到警察局去了。一进去就见到了那个失主，我把钱包还给人家了。”“什么？那可是我捡到的！谁捡到的就应该归谁！”东东愤愤不平地说。妈妈只是摇了摇头，没有说话。

第二天，妈妈带着东东出门逛商场，东东手中拿着一件玩具边走边玩。走进商场，东东立刻被琳琅满目的商品吸引住了，这里看一看，那里瞧一瞧。日近黄昏，东西都买齐了，也该回家了。东东和妈妈高高兴兴地走在回家的路上，正谈论着一天的见闻，忽然东东停下了脚步，看看自己的双手，大声叫道：“我的玩具呢？我的玩具不见了！”妈妈摊开双手：“你不是一直拿在手里玩吗？”“我……我忘记了，光顾着看商场里的玩具，忘记我自己的玩具了！怎么办？那是过生日的时候爸爸送给我的！”那件玩具是东东十分喜欢的，现在丢了，他自然十分着急。

“妈妈，我们快回去找！”东东说完便拉着妈妈的手往回走。回到商场，询问工作人员，并没有人见到这件玩具，又去了一天所到的地方，也没有发现玩具的踪影。“是谁捡到了我的玩具呢？快还给我吧！”东东自言自语道。看着东东焦急的样子，妈妈突然笑了，说道：

“不管是谁捡到了玩具，大概都找不回来了。东东不是说过，谁捡到的就是谁的吗？”“可是……可是那是我最喜欢的玩具啊……”话还没说完，东东就焦急地哭了起来。妈妈拉着东东走出商场，突然从皮包中拿出了东东“丢失”的玩具，“你刚刚只顾着玩，我帮你收起来了”。东东接过失而复得的玩具，破涕为笑，又问道：“妈妈，为什么你……”“刚刚东东丢了玩具，着急的样子妈妈看到了。别人丢了东西，一定也像东东一样着急。我们捡了东西要想办法归还给失主，因为那不是我们的东西。”妈妈打断东东的询问说道。东东若有所思地点点头，明白了妈妈的意思。母子俩踏着夕阳的余晖高兴地回家去了。

知识链接

我们每个人都可能不小心遗失物品，相信焦虑的心情大家都有过。我们试着设身处地地为他人想想。因此，捡到别人遗失的东西时，我们不能贪心，要想办法及时还给失主，才是正确的做法。

动动脑 捡到他人遗失的东西应该怎么办？

借了东西要归还

知识点 借别人的东西及时归还，下次别人才会再借东西给你。

东东有个坏毛病，借了别人的东西总是忘记归还，直到下次再借东西或者是人家催促时他才能想起来。为此，东东吃了一次亏，终于得到了教训。

自习课上，同学们都在认真做功课，教室里十分安静，时而能听到“唰唰唰”的写字声。东东烦躁地挠挠头，盯着作业本在生闷气：又写错了一个字，偏偏自己的橡皮、透明胶带都找不到了。无奈之下，东东扭过身去，向身后的小强求助。

“喂，小强，把你的橡皮借我用一下吧，我写错字了。”小强看看东东，摇了摇头：“不借给你。”东东没想到会被拒绝，瞪大了眼睛问：“为什么？”小强抬起头来说：“上次借给你的尺子一直没有还给我，我只好买新的。等你把尺子还给我，再借给你橡皮。”东东没想到小强会这样回答，上次向小强借尺子的事情他早就忘记了。东东嘀咕了一句“小气鬼”，便转向另一边，问娜娜借去了。

令东东大失所望的是，娜娜也不愿借给他。“为什么不愿借给我？”东东有些不满了。“我已经借给你四次透明胶带了，你都没有还给我，橡皮也借给你两回。还有上次借给你看的参考书，还有……”娜娜还没有说完，老师就走了进来。

“同学们先停下手中的事情，我们现在进行语文测验。”说完，老师开始发放考卷。娜娜朝东东做了个鬼脸，开始准备考试。在做考卷的过程中，东东写错了很多字，有的时候要把整个句子改掉重写，一会儿考卷就被改得乱七八糟，到处都是涂改的痕迹。再看看别的同学的卷子，都是干干净净的。东东懊恼地直挠头，心中埋怨小强和娜娜太过小气。为了不出错，东东只好慢慢地写，等到考试结束的时候，东东都还没有写完。

“真气死人了！那两个小气鬼。”回到家后，东东坐在写字台前生闷气，东东无意间瞥见写字台上横七竖八的几把尺子，好像其中两把是小强的，另一把是娜娜的。东东把自己的房间彻底打扫了一遍，找出了许多早就被自己忘记的东西。娜娜借给他的参考书、透明胶带，小强借给他的橡皮、尺子，小芳的橡皮，还有上次下雨时小健借给他的雨伞，一大堆东西放在东东的写字台上，东东惊讶地瞪大了眼睛。

第二天上学，东东提着一个大袋子来到教室，把东西一一还给它们的主人，并且向同学们道歉。“小强，以后你还愿意借给我东西吗？”东东小心翼翼地问。小强想了一下说：“当然啦！”娜娜也在一旁点头。

看到同学们友善的笑容，东东也高兴地笑了起来。

至于昨天的语文测验，结果可想而知。东东看着卷子，暗暗记住了这次教训。

知识链接

中国有句古话，叫作“好借好还，再借不难”，意思就是说，借了别人的东西，好好爱护，及时归还，下次人家还会愿意把东西借给你。如果借了东西不还，或者损坏了别人的东西，就会像东东一样，在关键的时刻得不到别人的帮助。

动动脑 如果别人借了你的东西不还，你是什么心情？下次还愿意再借给他吗？

得到允许再动手

知识点 需要用别人的东西时，要先和对方打招呼。

娜娜发现自己最近总是丢东西，一开始以为是东东搞恶作剧，问过之后确认不是东东做的，那会是谁呢？这天下课了，娜娜去上厕所，回来的时候，发现桌子上摆着前几天不见的铅笔、橡皮、尺子等物品。娜娜向四周看了看，心里想：到底是怎么回事，怎么突然又都回来了？

本以为事情就这样过去了，没想到两天后又发生了另一件事情。班上每个人都有本一样的算数练习册。这天放学，娜娜突然叫了起来：“我的练习册呢？谁见到我的练习册了？”娜娜急得团团转。东东走上前来帮助娜娜一起寻找。“你是不是放在家中没有带来啊？”东东问道。“我带来了！刚刚还在写呢，写了一半出去上了次厕所，回来就不见了。”娜娜摊开双手说道。这时候同学们都陆陆续续地回家去了，无奈之下，东东只好把自己的练习册拿出来和娜娜一起写。

小强因为感冒已经好几天没有来上学了。这天，小强终于康复了，早早地来到学校，一进教室就和东东、娜娜以及别的同学打招呼。大家正聊着天，小强像是突然想起来什么似的，走向自己的座位，从书包中拿出一样东西递给娜娜，正是娜娜丢了好几天的练习册！娜娜目

瞪口呆地看着小强，半晌才吐出一句话：“小强，原来那个‘贼’就是你啊！”小强听后不乐意了：“你说谁是贼？我的练习册丢了，就借你的去复印一下。本来第二天就要还给你的，因为生病给耽误了嘛，这不就还给你了。”小强说得理直气壮。娜娜想了想问：“那我的那些文具……”“向你借的时候你不在，还给你的时候你也不在，我以为你知道呢。”小强打断娜娜的话说道。

“可是你怎么不事先和我说一声呢？”娜娜问。小强眨眨眼：“我就是借一下你的东西啊，反正我会还给你的。”娜娜还想说什么，可上课铃响了起来，打断了他们的谈话。

自习课上，小强满头大汗地翻找东西，找了很久也没有找到，又问东东有没有看见他的语文课本，他要写语文作业。东东指指娜娜：“娜娜忘记带了，借你的课本用。”小强气冲冲地跑过去：“娜娜，你用我的课本怎么不告诉我？害我找了半天！”娜娜抬起头，说：“你借我的东西也没和我说啊。”小强顿时哑口无言，这才认识到自己的错误，于是小强向娜娜道歉了。

知识链接

借用别人的东西之前，要先征得对方同意，不能擅自做主，拿来就用。

动动脑　如果你的东西突然不见了，你会是怎样的心情？

购买物品讲礼貌

知识点 买东西的时候要使用礼貌用语。

东东除了到楼下小卖部买冰激凌、巧克力等小零食，从来没有自己到大商场买过东西。这个星期天妈妈特意带东东到离家不远的大型商场买东西。

“东东，今天就由你负责买东西，你要加油！”妈妈鼓励地看着东东。说实话，东东心中还是有一点点紧张的。每次逛商场，东东都是跟在妈妈身后，想要什么和妈妈说，由妈妈买给自己，这次自己负责购买东西，这对东东来说是一个不小的挑战。

东东拿出采购清单，发现首先要购买的是晾衣服用的夹子。东东和妈妈走到生活用品区域的一家店，老板热情地招呼他们：“两位有什么需要吗？”东东看看妈妈，向妈妈求助。妈妈站到一边，指了指店老板。“嗯……我想要夹子。”东东支支吾吾地说道。老板见状再次询问：“我们店里的夹子很多，请问你需要什么样的呢？”东东脑海中一片空白，“就是夹子嘛。”东东忍不住大声说。老板被东东的态度吓了一跳，不再出声。东东看看妈妈，跑出了商店。

“妈妈，我……”东东小声地说。妈妈打断东东的话：“东东别灰心，妈妈相信你能行的，加油！”说完又拉着东东走到另外一家店里，妈妈同样站在门口。这家商店比上一家商店更大，顾客也更多，店老

板有点忙不过来。这次东东不像上一次那么胆怯，而是大胆地站到柜台前大声说：“我想买晾衣服用的夹子！”店老板抬头看了东东一眼，没有搭腔，又继续忙别的事情去了。见到老板不理自己，东东有些不服气，追着老板说：“喂，我要买夹子，给我夹子吧。”老板还是不理睬东东。东东泄气地看着妈妈，再一次跑出商店。妈妈拉着东东走进第三家商店，示意东东站在一旁。这家商店同样热闹，妈妈对正在忙碌的老板说：“你好，请问有晾衣服用的夹子吗？”老板听了立刻抬起头，“有有有，请到这边来，我们有许多款……”东东看得目瞪口呆，随后便明白了应该怎样做。

接下来东东主动要求买东西，看看购物清单，下一项是卫生纸。母子二人来到一家店铺，“你好，我想要卫生纸。”东东对老板说道。正在算账的老板抬起头笑笑，拿出许多种卫生纸让东东挑选。东东成功地买到了卫生纸，兴奋极了。

日落西山，东西都采购齐全了，东东觉得很自豪，因为这些东西大部分都是他购买的。东东像是完成了一件了不起的事情一样，昂首挺胸地和妈妈走回家去。

知识链接

买东西的时候要注意使用礼貌用语。遇到粗鲁的顾客，老板也不会有好态度，商人更愿意和有礼貌的顾客合作。买东西时，要把自己想购买的物品说清楚，购买结束后，要和老板告别。

动动脑 买东西的时候应该怎么说？要先说什么？

宾馆和家不一样

知识点 去宾馆、酒店等公共场所住宿，应遵守相关的规章制度，不能影响其他房间的客人休息。

放暑假了，娜娜和表姐跟着父母去外地旅游。到了宾馆，大家住进了预定好的房间。爸爸和妈妈住一间，娜娜和表姐丹丹住一间。表姐开始安静地整理行李箱，并把需要用的东西都拿了出来，整齐地摆放在桌子上。娜娜则在房间内玩了起来，不停地在房间里跑来跑去。丹丹上前阻止娜娜说："你这样跑来跑去会影响隔壁房间客人的休息。不要闹了，收拾下东西，准备出去玩啦。"娜娜虽然在听表姐说话，可心里一直嘀咕：我在自己的房间跑来跑去还不可以啊？哼！

游玩的时间总是过得很快，在外跑了一整天，大家都已筋疲力尽，全家人再次回到了宾馆的房间。表姐洗漱完毕，已经躺在自己床上准备休息了。娜娜不仅没有洗漱，反而在自己的床上蹦蹦跳跳，弄得床咯吱咯吱的响。表姐生气地说道："你这样会打扰我休息，而且这床虽

然不是我们家的，但你也应该爱护它。”娜娜把表姐的话当成了耳旁风，继续玩自己的。娜娜越玩越高兴，从床上跳下来，又开始玩房间的电灯开关，来回地按，房间一会儿暗、一会儿亮。表姐很无奈，只好用被子蒙住头睡觉。

第二天，娜娜一家准备退房，房间管理人员上来检查房间情况，发现娜娜和表姐住的房间里的电灯开关坏了，原来是娜娜昨晚不停开关灯造成的。爸爸妈妈很生气，严厉地批评了娜娜，并向旅馆交付了赔偿金。

知识链接

1. 进入酒店大堂后，如果服务生帮助你搬运行李，应该礼貌地谢过，然后去登记入住。虽然打扫客房是服务员的工作，但是也不能因为有人代劳就不注重保持清洁卫生，要把废弃物扔到垃圾筐里。在洗手间，不要把水弄得到处都是。

2. 不能有意破坏宾馆、酒店等公共场所的财物，破坏了要按照相关规定进行赔偿。

动动脑 大厅和走廊是酒店中客人活动的主要场所，在这些公共场所，我们应该注意一些什么问题呢？

谈话要用礼貌语

知识点 和别人对话的时候，要用礼貌用语。

东东的表弟凡凡，是家中年纪最小的孩子，平时大家都很宠爱凡凡，什么事情都顺着他。凡凡小的时候爱大吼大叫，对哥哥姐姐指手划脚，但大家因为他年纪小，所以对他的行为都一笑而过。而今凡凡渐渐地长大了，哥哥姐姐越来越不愿意和他在一起玩。

星期天，东东到姨妈家聚会。东东的哥哥、姐姐、弟弟都去了姨妈家。东东坐在电脑前打游戏，哥哥、姐姐也都各自玩耍。吃过午饭，东东继续打电脑游戏，哥哥说要出去骑自行车。哥哥正要出门的时候，凡凡冲到门口，大声说："喂，我也要去！喂，带我去！"哥哥看了凡凡一眼，大声说："就不带你去！"说完便独自骑自行车玩去了。凡凡悻悻地回到屋里，看着东东打电脑游戏。东东看了凡凡一眼，没有作声。

不一会儿，姐姐走进屋子里，拿起了书包和画夹又走了出去。凡

凡跟着跑上前去，看姐姐在另一间屋子里作画。姐姐画得很漂亮，尤其是那绿色的颜料，在画布上渐渐铺展开来，小山、小草、大树，满眼的绿色让人心旷神怡。凡凡也在学习画画，但是自己却没有姐姐这么漂亮的绿色颜料。于是凡凡伸出手，指着姐姐画板上的绿色颜料说："我要这块，给我！"说完就要伸手去拿。姐姐先一步拿起那块颜料，放到书包中，皱着眉头说："为什么要给你，这又不是你的，不给你！你想要，自己去买吧。"说完不再理会凡凡，继续作画。

凡凡愣了两秒，随后低下头，慢慢地走回东东身边，也不说话，只是看着东东打电脑游戏。过了一会，凡凡突然"哇"的一声哭了起来，眼泪、鼻涕便爬满了整个小脸。东东忙找来纸巾为凡凡"清理"，不住地询问发生了什么事。凡凡好不容易才止住哭泣，抽抽搭搭地说："哥哥……哥哥不带我玩！不带我去骑自……自行车。姐姐不给我颜料。呜呜呜……"从凡凡断断续续的讲述中，东东明白了事情的经过。东东故作神秘地对凡凡说："我知道一个有魔力的字，下次你想要什么，对哥哥姐姐说这个字，他们一定会答应你的。"凡凡睁大了眼睛："什么字？"东东趴在凡凡耳边说了一番，凡凡点点头。

又是一个星期天，兄弟姐妹们照旧在姨妈家里相聚。午饭后哥哥又要去骑自行车。凡凡走到哥哥身边："哥哥，请带我一起去吧。"哥哥惊讶地看着凡凡，愣了良久，点点头。凡凡兴高采烈地和哥哥出门了。

到快吃晚饭时两人才回来，看见姐姐还在作画，凡凡走过去说："姐姐，你的颜料真漂亮，请给我一块好吗？"姐姐也惊讶地转过头，仿佛不认识凡凡似的，随后便拿出自己所有的颜料："你喜欢什么颜色的？自己挑吧。"凡凡高兴地拿了一块绿色的颜料。凡凡心想，东东哥哥的话真有用，那个字果然很有魔力。

亲爱的小朋友，你猜到了那个字是什么字吗？没错，那个字就是"请"。

知识链接

在向别人提要求的时候，语气要尽量委婉，不必低三下四，也不能太过强硬。在和别人谈话的时候，要注意使用礼貌用语，这样对方才愿意和你交谈，整个谈话过程也会变得愉快。

动动脑 如果有人命令你帮助他，你会愿意帮助他吗？

夸奖面前不骄傲

知识点 面对别人的夸赞，要谦虚地回应，并提醒自己继续努力。

娜娜这两天有点飘飘然，仿佛走着走着就能飞起来。这原因很简单，在作文课上，娜娜第一次被老师表扬了。娜娜是个品学兼优的女孩子，成绩一直很好，美中不足的是有点偏科。娜娜十分擅长数学，曾经在不少大小比赛中获奖，这一直都是娜娜十分骄傲的。可和数学比起来，娜娜的语文就差了点。老师说娜娜对语文的“悟性”不够，让娜娜多看看书，多写写作文。

暑假期间，娜娜参加了一个课外补习班，专门讲解怎么写作文的。按照老师的指导，娜娜的写作有了很大的进步。这不，开学头一次上作文课，娜娜的作文就受到了老师的表扬，说娜娜写的人物形象生动，语言丰富有趣，让娜娜再接再厉。

回到家中，娜娜把作文本拿给妈妈看，上边还印着一朵大大的红花，这是老师对娜娜的鼓励。由于偏科，本来有点不自信的娜娜，顿时把头高高地昂起来了。“语文成绩提高了，这次的学习委员一定会是我”，娜娜心里想。

果然，来找娜娜请教语文方面问题的同学多了起来，要知道平时大家都是问她数学问题的。趁着课间，东东也跑过来，向娜娜请教：“娜娜，这是我新写的一篇作文，你帮我看看呗。”娜娜得意地接过东东的作文本，草草地看了几眼，就对东东说：“你这种水平的作文，我很早以前就会写了。记得老师在作文课上说什么了吗？我的作文中人物形象生动，你的人物描写太死板，怎么和我比啊！”说完还白了东东一眼。东东气得说不出话来，一把夺过作文本回到座位上去了。

之后的一段时间，都能看到东东拿着作文书学习，还不时地把范文中的好词好句分好类，誊抄到笔记本上，细细地和自己的作文比较。娜娜看到后，心中不以为然，“老师都表扬过自己了，以后写作文的时候按照上次那套方案写一定会再次得到老师的表扬的。”娜娜美滋滋地想。

对于新一轮的语文测验，娜娜自信满满，但是结果却叫她大跌眼镜。娜娜不仅没有进步，反而退步到连之前的成绩都不如。不仅如此，新一次的作文课上，娜娜的作文也不尽人意。出乎意料的是，老师表扬了东东，说东东的作文有了很大的进步。和东东比起来，娜娜的作文就显得有些呆板了，缺乏新意。听了老师的评讲，娜娜心中满是不甘，但不得不承认东东的作文写得确实很好。

这些日子，娜娜只忙着骄傲和开心，没有看到除了她，身边的同学们都在努力。娜娜总结了自己的错误，收了心，也学东东那样，开始认真学习。“下次我一定会做得更好”，娜娜在心里暗暗下定决心。

知识链接

人在骄傲的时候，往往双眼会被蒙蔽，看不到自己的缺点。逆水行舟，不进则退。看不到自己的不足，不去努力，便会退步。

动动脑 骄傲自满会带来怎样的结果？

做个诚实的孩子

知识点 对别人说一个谎话，就要用更多的谎言去掩饰，从此便会生活在无尽的谎言中。

星期六下午，东东、小强还有班里的一群小伙伴，分成两个组，在学校操场上踢足球赛。正当比赛进行得火热时，东东用力地踢了一脚足球，同时高喊着："射门！"足球却飞过球门射向了教室的玻璃窗。只听见"咣"的一声，二楼的玻璃窗被砸碎了，顿时碎玻璃撒了一地，大家都吓了一跳。学校后勤处的老师听到声音赶了过来，看到一地的狼藉，厉声问道："是谁打破的？"大家都不约而同地看向站在最后面的东东，良久，东东低着头说："老师，是我不小心弄的，对不起……"老师看了东东一眼，示意东东跟他到后勤处办公室去。伙伴们在外等候了很久，东东才垂着头走出来。

"被老师批评了……老师要我明天交一百元钱，补偿玻璃被砸坏的损失……"同学们看着东东的样子，也都吓得说不出话来。

东东慢吞吞地走回家，心里十分害怕。要是告诉妈妈事情的经过，妈妈一定会十分生气，那该怎么办呢？一直到吃晚饭，东东都没有想出办法，几次话到嘴边，又咽了回去。看着妈妈，东东始终没有勇气说出实话。"东东，今天晚上怎么这么安静？是不是发生什么事情了？"妈妈问道。"我需要一百元钱。"东东脱口而出。"你要钱做什么？"妈妈诧异道。"我们学校要做新校服。"东东也不知道为什么，就说出了这句

谎话，说完东东便后悔了。妈妈拿出一百元钱给东东，并没有多问。

东东拿着钱交给后勤老师后，松了口气，又想到妈妈要看新校服，该上哪去弄呢？无奈之下，东东开口请娜娜帮助他，说小强因为踢球受伤了，他需要一百元钱为小强治伤。娜娜也没有一百元钱，只好问她的妈妈要，然后借给了东东。东东放学后拿着钱去商场买了一件看起来很像校服的衣服，穿回了家。妈妈看到了，夸奖新校服好看，东东心想，这关总算是过了。但是新的问题又来了，娜娜的一百元钱要怎么还呢？难道去问外婆要？第二天，东东想了一整天也不知道该怎么办，晚上回到家，却见妈妈生气地看着自己。

原来妈妈下午碰到了娜娜的妈妈，两人说起了东东借钱的事情，妈妈才知道了事情的大概。在妈妈的询问下，东东老老实实地说出了事情的真相，向妈妈认了错。虽然妈妈严厉地批评了他，但是东东心中一阵轻松。“终于不用再编谎话了，说谎话实在是一件累人的事情。”东东暗暗决定，以后再也不说谎话了。

知识链接

说了一个谎话，就要编许多的谎话去圆前一个谎。这样恶性循环下去，谎言永远都说不完，永远都会让人提心吊胆地生活，这比直接承认错误更让人难以承受。

动动脑 对爸爸妈妈说谎，会有怎样的后果？说谎能够解决问题吗？